Henri Baudrillart

Le luxe public et la révolution

Essai

ISBN : 978-1983645013

10 9 8 7 6 5 4 3 2 1

Henri Baudrillart

Le luxe public et la révolution

Essai

Table de Matières

I. LE VANDALISME.

I

L'idée du luxe privé ou public n'a guère coutume d'être associée aux souvenirs que réveille la révolution française. On se demande comment il y aurait eu place alors pour des jouissances qui veulent, à ce qu'il semble, du loisir, de la liberté d'esprit et des ressources surabondantes. C'est pourtant un fait d'expérience que les époques les plus troublées n'ont point toujours pour cela manqué de luxe ; il est même arrivé qu'elles aient connu parfois, en ce genre de dépenses dites superflues, des excès dont on s'étonne. Pendant certaines périodes par exemple des guerres avec les Anglais au XVe siècle, le faste et les prodigalités des seigneurs n'eurent point de bornes, — fait étrange que n'explique pas seule la puissance de l'habitude. Il y a dans l'incertitude même du lendemain un puissant aiguillon pour toute espèce de jouissances faciles, rapides. *Carpe diem*, saisis le jour, jouis de l'heure présente, semble dire la fatalité, qui presse. Assurément cette observation ne s'applique que dans une certaine mesure à la révolution ; mais elle s'y vérifie assez pour que cette persistance d'un élément qui paraît réservé aux temps calmes et prospères mérite d'y être signalée. On peut suivre comme à la trace dans la vie privée ce goût, ces satisfactions de plaisir ou d'art, ces jouissances coûteuses, les unes délicates, les autres grossières dans leurs raffinements mêmes. La spéculation, l'agiotage sur les assignats et d'autres valeurs se donnent carrière en pleine terreur : argent presque toujours aussi mal dépensé que mal acquis ! Nous faisons allusion à ces enrichis du parti des *corrompus* et du parti hébertiste, joueurs éhontés, pris en flagrant délit de manœuvres frauduleuses, mais avant tout désignés aux soupçons et comme trahis par l'imprudente profusion de leurs scandaleuses dépenses. A côté de ces témoignages d'une opulence insolente et d'une prodigalité du pire aloi, il ne manque pas de preuves d'un luxe plus avouable, et on pourrait citer, en s'aidant des *mémoires* du temps, telles maisons où se conservent les restes d'une hospitalité élégante et riche, tels salons qui, comme celui de l'acteur Talma, où se pressaient des célébrités de tout genre, présentaient encore les somptueux raffinements de la vie, la coûteuse recherche des objets d'art, l'éclat de fêtes où se réunissaient la danse, la musique, le chant. C'est à une de ces fêtes brillantes que Marat, apparaissant soudainement sans être annoncé, vint faire un épouvantable esclandre, invectivant plusieurs des femmes présentes et apostrophant Dumouriez.

Si j'ai rappelé ces preuves, peu connues ou assez oubliées, du luxe privé pendant la révolution, c'est que les mêmes causes qui expliquent la persistance de cet élément dans la vie des particuliers agissent aussi sur les peuples. Malgré les épreuves des révolutions, et même quand le nécessaire manque ou est menacé, ils ne renoncent pas à tout superflu ; ils veulent encore des fêtes, des théâtres. La politique a beau multiplier ses tragédies, ses prodigieux changements à vue, la réalité ne leur suffit pas. La révolution a donné une satisfaction étendue à ce besoin public. Non-seulement elle tint ouverts les théâtres, qui ne chômèrent point, comme on l'a remarqué, pendant la terreur, et qui même, grâce à une concurrence illimitée, se multiplièrent, — non-seulement le Théâtre-Français et l'Opéra réunirent le soir, pour entendre quelque œuvre célèbre et quelque acteur ou chanteur en renom, ces girondins et ces montagnards, plus tard ces dantonistes et ces partisans de Robespierre, qui y venaient chercher l'oubli du jour et peut-être du lendemain ; mais on sait quels furent le nombre et l'éclat des fêtes de cette période. La révolution songea aussi aux arts ; elle leur ouvrit des salles où ils exposèrent leurs œuvres, que tout le monde put visiter. Elle fonda, dota des écoles, des établissements destinés à les enseigner, à les développer. Elle eut des encouragements pour tout ce luxe national. Elle ne négligea presque aucune des satisfactions que l'état réserve aux besoins les plus élevés et les plus raffinés. En même temps qu'elle se montrait créatrice en ce genre ou qu'elle se livrait à des essais de réformes quant à certaines parties du luxe public, avec un succès d'ailleurs inégal, elle supprimait d'une main brutale, on ne le sait que trop, certains établissements, elle ravageait les monuments qui rappelaient les plus grands souvenirs du luxe public de l'ancien régime. Elle était violemment destructive en un mot. Elle l'était même à ce point que la postérité, accusée aujourd'hui d'ingratitude par les écrivains qui aiment à relever les mérites de la révolution, a un peu oublié ce qu'elle a pu faire ou tenté de grand et d'utile, pour ne se souvenir que du mal.

I. LE VANDALISME.

La vérité est que le bien et le mal subsistent l'un et l'autre ; dans quelle proportion ? c'est une question à examiner. On ne recherche guère en général en quoi au juste ces ravages d'une part et de l'autre ces créations ou ces essais consistèrent. Quand on n'est pas tout à fait dans le faux, on s'en tient volontiers à des à-peu-près. Arriver sur ce point à la précision historique est une tâche qui nous tenterait, nous l'avouons, quand bien même nous ne nous proposerions pas d'autre but. Il s'attache toujours de l'intérêt à l'exactitude, même quand il s'agit de choses qui n'ont qu'une simple valeur de spéculation ou de curiosité, à plus forte raison lorsqu'il s'agit d'ôter un peu de terrain à ces assertions vagues dont abuse en sens divers l'esprit de parti. Nous ne manquons pas heureusement de documents qui permettent à l'examen de trouver une base solide. Quant aux jugements, ils abondent : aussi bien c'est toujours chez nous ce qui manque le moins. Il faut savoir gré aux écrivains qui se sont occupés de la révolution depuis quelques années d'avoir porté leur attention sur un sujet d'un intérêt si général. De quelque façon qu'on juge au point de vue politique et sous le rapport de l'appréciation historique les récits que M. Michelet et M. Louis Blanc ont consacrés à la révolution française, on doit reconnaître que ce coin du tableau prend avec eux un nouveau relief. Si, relativement aux ruines et aux dévastations, ils n'entrent pas toujours dans de très amples détails, ils s'attachent à décrire, à montrer les côtés civilisateurs de la révolution sous le rapport des arts comme des sciences. Ils le font avec l'accent enthousiaste qu'on peut attendre d'écrivains aussi favorables à la révolution française, et avec une vivacité de couleurs qui s'imprime fortement dans le souvenir. Ces tableaux, tracés avec un incontestable talent, ne sont-ils pas un peu idéalisés ? Les auteurs n'oublient-ils pas un peu trop, ou ne relèguent-ils pas trop dans l'ombre ce qui fait tache, terriblement tache à la même époque ? Sont-ils sévères comme il le faudrait quand il y a lieu ? Nous aurons sur ce point plus d'une réserve à faire.

C'est surtout au point de vue des destructions qu'un autre écrivain a envisagé le sujet. M. E. Despois a consacré un volume au *Vandalisme révolutionnaire* : non pas qu'il ne s'occupe que des ruines qui furent faites à cette époque, loin de là ; lui aussi jette un regard complaisant sur les divers encouragements que les arts et le luxe public ont reçus de la révolution française. On se doute même de ce que, de la part d'un écrivain aussi plein d'admiration pour la révolution, ce mot de *vandalisme* peut cacher d'ironie. Qu'il y ait eu des actes de vandalisme, l'auteur ne le nie pas. Y en a-t-il eu autant qu'on le dit, et la révolution elle-même a-t-elle été véritablement vandale ? Voilà ce qu'examine M. Despois. Il n'est que juste de reconnaître sa modération, sa bonne foi, ce que son livre atteste de recherches, ce que même il rectifie d'erreurs sur quelques faits faux ou exagérés. Son plaidoyer est habile et bien fait, mais c'est un plaidoyer, et non des moins systématiques. La convention y est jugée sur ce point, comme sur tous les autres, avec sympathie, indulgence au moins, quand décidément il ne saurait y avoir lieu à sympathie. Au surplus, ce n'est pas ici une question de parti : c'est, il faut le répéter, une question d'histoire. Nous la discuterons d'autant plus volontiers avec l'auteur du *Vandalisme révolutionnaire* que son travail et les histoires plus générales de la révolution nous ont aidé et comme invité à nous reporter vers les sources si indispensables en pareille matière.

Et d'abord il y a un point sur lequel il paraît difficile que l'accord ne se fasse pas. Non, il n'est pas vrai que la convention ait été une assemblée d'iconoclastes. Elle n'a pas fait une guerre systématique aux arts, au luxe public. Si elle a eu des torts à cet égard, ce n'est pas le tort du moins d'une haine de parti-pris. Elle estimait à leur valeur ces décorations brillantes des sociétés civilisées, dans lesquelles elle vit même mieux que de simples décorations superflues. On fait à ce sujet plus d'une confusion. On croit trop souvent que la convention était hostile aux arts, tandis qu'elle ne l'était qu'au passé, qu'elle attaquait ou laissait attaquer sans ménagement, en dépit de certaines mesures spéciales à la conservation des objets d'art que nous examinerons. On confond en cela la convention avec ce qui n'en fut qu'un groupe, une fraction, une secte, — secte bizarrement éprise de l'austérité Spartiate, qu'elle prétendait faire revivre en pleine civilisation moderne. Eh bien ! même ce groupe dont Saint-Just est l'expression la plus systématique, tout en déclamant contre le luxe privé, l'opulence, n'étend guère ses proscriptions au luxe public. En cela encore, elle était conséquente avec son esprit imitateur de l'antiquité. Dans les anciennes républiques, la pauvreté des citoyens n'excluait pas une certaine magnificence dans l'état. La médiocrité régnait dans les demeures des particuliers : les temples, les monuments, les fêtes, manifestaient un luxe public plein de grandeur et d'éclat. Point de jouissances exclusives à l'usage du riche, un luxe collectif à l'usage du peuple, quoi de plus conforme au programme démocratique ?

Sur la question du luxe privé, de la latitude à laisser à l'usage et à l'abus de la richesse privée, la convention présente donc des oppositions d'idées qu'on ne retrouve pas pour le luxe public. Elle l'admet, tout comme l'ancienne monarchie, quoique sous des formes à plus d'un égard différentes. Qu'on ne fasse pas exception même pour les disciples de Rousseau, qui, bien que beaucoup plus nombreux et influons à la convention que dans la constituante, ne formèrent pas d'ailleurs la majorité dans cette assemblée, car ni les girondins ni même les dantonistes ne sauraient être enrôlés sous la bannière du *Contrat social*. La convention dans son immense majorité veut un luxe public et des arts très développés : elle en rêve, nous verrons comment, la régénération. Sous la forme des fêtes nationales, elle va même jusqu'à en abuser. Elle tend, ici comme partout, à centraliser à l'excès. Où était le roi, elle met l'état, protecteur des arts et des lettres. La convention aime les arts et les lettres un peu trop à sa manière ; mais les aimer même ainsi, ce n'est pas les détester et les proscrire.

La question au reste n'est pas purement historique. Elle nous touche de près en même temps qu'elle a une portée générale. Que doit être le luxe dans une société démocratique ? Cette question paraît digne de fixer l'attention des moralistes et des politiques en tout temps et plus que jamais aujourd'hui. Voilà ce dont s'est préoccupée la révolution avec un mélange d'idées justes et d'aberrations singulières. Est-il possible de croire que la même question ne se présente plus, et qu'elle ait reçu de tout point une solution satisfaisante ? On a beaucoup fait, depuis la révolution même, pour donner à ce luxe, autrefois privilège d'une élite dans la plupart de ses manifestations, un caractère moins exclusif ; nos expositions d'art et d'industrie en sont la preuve. Il ne manquerait pas d'autres témoignages de la même pensée. Beaucoup plus qu'autrefois la foule est admise à ces jouissances, auxquelles seuls la fortune et un certain rang donnaient accès. N'y a-t-il plus là pourtant aucun perfectionnement à introduire, aucun écueil à éviter ? Si nos fêtes, par exemple, n'ont pas l'emphase prétentieuse qu'on a reprochée à la plupart des fêtes de la révolution, ne sont-elles pas comme marquées d'une insignifiante banalité ? On ne saurait sans doute non plus prétendre que le théâtral a cessé parmi nous de faire école. Combien de questions qui tiennent au fond même de la civilisation, bien qu'elles ne paraissent en exprimer que les côtés tout extérieurs ! Combien d'enseignements contenus, sans presque qu'on ait besoin de s'appliquer à les en dégager, dans cette grande expérience révolutionnaire !

C'est cette expérience qu'il convient de suivre sous ses deux faces, l'une toute destructive, l'autre qui se rapporte à des fondations ou à des tentatives de réforme. Nous commencerons par le *vandalisme*. Bien des faits y sont à éclaircir, bien des leçons aussi à en tirer. Nous allions dire, si la honte et la douleur ne nous retenaient, que le sujet est à l'ordre du jour ; les vandales de 1871 n'ont que trop remis en mémoire les vandales de 1793.

II

Quelles ont été les origines du vandalisme révolutionnaire ? Nous avons déjà répondu que ce ne furent point des ennemis systématiques du luxe public et des arts qui entreprirent ces destructions comme une sorte de campagne contre la civilisation. Certains esprits disposés à voir partout des complots et des mots d'ordre ont cru reconnaître dans cet entraînement la présence d'une main mystérieuse, les fils cachés d'une conspiration savamment ourdie. Les uns l'ont attribué à la direction d'un des partis qui dominaient la France, les autres à l'or de l'étranger poussant la révolution aux excès pour la mieux déshonorer. Rien ne justifie ces accusations, et tout nous paraît les démentir. Elles pouvaient bien retentir pendant la révolution, dans ces heures troublées où on veut à tout prix avoir devant soi un ennemi désigné, responsable. Tous les grands mouvements populaires ont eu et ont leur source en eux-mêmes. Celui-là ne fait pas exception et s'explique suffisamment, selon nous, par les lois éternelles de la nature humaine. Un irrésistible instinct pousse les peuples à personnifier la foi religieuse ou politique dans des symboles ; ils les vénèrent tant que cette foi subsiste, et, par un instinct non moins irrésistible, on les voit se retourner contre eux avec une haine farouche dès que la même foi n'existe plus. Plus cette révolution dans les idées aura été soudaine dans ces masses qui ne reçoivent le contrecoup du changement opéré dans les idées que lorsqu'il s'est accompli lentement dans les classes supérieures, plus violent sera le mouvement qui précipitera contre ces symboles, la veille même trouvent l'objet d'un culte idolâtrique, les multitudes égarées. Ne cherchons pas ailleurs l'origine de ce souffle de destruction qui, passant sur les villes et les campagnes, traversa la France comme un vent de mort, emportant tout, brisant tout sur son passage.

Faut-il aller jusqu'à croire pourtant, comme on a un peu trop l'air de le dire, que cette fièvre se soit allumée toute seule ? Faut-il se ranger à cette thèse qui réduit à un simple emportement populaire cette guerre faite à la partie précieuse du luxe public exprimée par les monuments et les arts ? Ne faut-il pas en rendre responsables les clubs, les municipalités, et ce grand pouvoir qui absorbe tous les autres, la convention, n'y est-il absolument pour rien ? Comprendrait-on tout d'abord qu'un peuple, naguère soumis, surtout le peuple des campagnes, ait été pris de cette rage subite, s'il n'y avait pas eu d'excitations venant du dehors ? Et comment serait-il possible de ne pas voir l'action de ces sociétés populaires, jacobins et cordeliers à Paris, et de tant d'autres associations affiliées ou indépendantes, mais animées des mêmes passions en province ? Qu'on songe qu'il n'y avait pas moins de huit cents affiliations rien que jacobines réparties sur le territoire ! Là fut le foyer toujours brûlant ; de là partit le plus souvent le mot d'ordre. Où trouver ailleurs que dans les membres et les auditeurs de ces tumultueuses assemblées, toutes vibrantes des colères du jour, et suivant le courant avec une sorte d'émulation empressée, le contingent naturel de cette armée de la destruction, qui a laissé peu de points en France sans y porter ses ravages ? Les municipalités étaient malheureusement composées d'éléments analogues, si ce n'est les mêmes. En tout cas, quand elles ne donnèrent pas l'exemple, elles furent souvent dominées, entraînées.

Mais la convention ! elle vandale, elle qui fit de si beaux décrets ! Elle sacrifiant le luxe public, les arts, à ses haines politiques ou philosophiques, quel blasphème ! Est-ce qu'elle n'a pas essayé de lutter contre le vandalisme ? Et ici on cite des textes. Tout cela est fort bien, et on doit faire une juste part à ces résistances. Quant à décharger la convention de toute responsabilité dans la destruction des monuments et des objets d'art, est-ce possible ? De quel droit supposer que tant de discours véhéments, respirant la haine furibonde de ce passé dont les emblèmes étaient partout, n'auraient pas eu d'écho dans ce peuple facile à émouvoir, à passionner ? Qu'on songe à ce qu'était aux yeux des populations la convention nationale ; elle leur représentait tout autre chose qu'un corps politique ordinaire. Qu'on veuille ne pas l'oublier : les peuples ont besoin de mettre l'autorité morale quelque part, dans un livre, dans un homme, dans une assemblée. Alors l'assemblée était tout. Elle était tout d'autant plus qu'on rompait violemment avec la grande autorité morale figurée par l'église. Pour ceux que le mouvement révolutionnaire entraînait, tout ce qui venait de l'assemblée se revêtait d'une sorte de consécration. Et que sera-ce si la bouche qui avait laissé tomber l'oracle était celle de quelqu'un des chefs populaires qui personnifiaient pour la foule les lumières et la vertu ! Ce serait un travail ingrat, auquel chacun peut d'ailleurs suppléer avec ses souvenirs, que d'aller rechercher tous ces discours qui, avidement lus, commentés par des hommes d'un tempérament exalté ou jetés par la violence des événements hors de leur nature, pouvaient se traduire par des voies de fait.

Est-il besoin de mesurer la portée des discours quand il y a des actes ? Il y en a un surtout, le décret du 1er août 1793. Ce décret établit qu'à quelques jours de date on devra détruire, dans toutes les églises, d'un bout de la France à l'autre, tout ce qu'il y a de tombes royales. Ce fut comme un coup de tocsin. On désignait un objet spécial à la haine d'un peuple soulevé déjà. Et comment ne se serait-il jeté avec la même furie sur d'autres symboles non moins détestés et beaucoup plus multipliés ? On précipitait par là le peuple dans les églises. Mais, dit-on, il ne s'agissait que d'*exhumer* les personnes royales, et non de *détruire* les tombeaux. Pourquoi faut-il que cette interprétation, qui réduit le décret à une exhumation, ce qui n'est qu'une circonstance très médiocrement atténuante, ne soit pas conforme au texte ? Il porte : « Les tombes et les mausolées des ci-devant rois élevés dans l'église de Saint-Denis, dans les temples et autres lieux, dans toute l'étendue de la république, seront *détruits* le 10 août. » Quoi de plus formel ? Et quelles ne furent pas les conséquences immédiates de ce décret ! La municipalité de Saint-Denis, impatiente de mettre à exécution une mesure qui, outre ce qu'elle soulève d'objections générales, ôtait à cette localité ce qui en faisait la gloire devant le monde entier et la principale richesse, n'attendit même pas la date du 10 août assignée par la convention pour se mettre à l'œuvre. La présence d'un des membres de la convention n'empêcha pas les dévastations qui eurent lieu dans les journées du 6, du 7 et du 8 août. Même quand il eût été vrai qu'il ne se fût agi que d'une exhumation, elle ne pouvait se faire sans entraîner des dégradations inévitables. « On a été obligé, dit le commissaire de la convention dans son rapport, de briser la statue couchée de Dagobert, parce qu'elle faisait partie du massif du tombeau et du mur. » S'imaginer qu'il suffisait de prescrire par un décret ultérieur de ne pas endommager les objets d'art pour qu'il en fût tenu compte, c'est trop d'illusion. Exhumer, c'était saccager. Livrer au peuple des tombes royales renfermant des valeurs précieuses, c'était, quoi qu'on tentât pour s'y opposer, inviter au pillage. Nous n'en voudrions pour preuve que cette même destruction du tombeau de Dagobert. Faut-il croire le commissaire de la convention, plutôt intéressé à atténuer les faits, ou bien un témoin qui a pour être cru toute autorité et qui se tait sur ce fait ? Nous trouvons, dans la description des monuments du moyen âge qui avaient été transportés de Saint-Denis, due à Alexandre Lenoir, que le vol fut le mobile d'une telle dégradation. Les violateurs brisèrent la statue et le cercueil, croyant qu'il renfermait un trésor ; mais des ossements enveloppés d'un suaire furent tout ce qui s'offrit à leur cupidité. Le même écrivain nous renseigne sur l'importance de ce tombeau : il datait du temps de saint Louis, l'ancien tombeau ayant été détruit à l'époque où les Normands ravagèrent une partie de la France. Louis IX avait élevé à son prédécesseur une chapelle sépulcrale à la suite des réparations qu'il fit faire dans l'abbaye de Saint-Denis, après la mort de l'abbé Suger, et à la sollicitation de Blanche, sa mère. Le corps de Dagobert, échappé à la destruction, avait été placé au milieu de la chapelle dans un sarcophage. Il y avait donc là sous le double rapport de l'archéologie et de l'art une valeur véritable.

On ne saurait, on le voit, exonérer la convention de toute responsabilité dans la destruction des objets d'art et de luxe. Elle demeure responsable de cette affaire des tombes royales, véritable attentat contre l'histoire, répudiation folle dans le fond, odieuse dans la forme, d'un passé qui n'avait pas été sans gloire. La royauté soumise à ces outrages posthumes représentait la France formée, agrandie, quelquefois même par la main de ceux qu'on nommait les mauvais princes. Cette responsabilité existe encore dans un autre acte, l'accueil fait aux adresses injurieuses pour la religion, aux offrandes burlesques de châsses, surplis, croix, dépouilles des églises. Les bandes qui les apportèrent reçurent les honneurs de la séance.

Voyons maintenant ce qu'il faut penser de ce qu'on appelle les mesures préservatrices des monuments et des arts. Nous consentons à en faire honneur à la convention, mais sous réserve ; le mérite en revient surtout à certains comités et à un petit nombre d'hommes auxquels l'histoire rendra justice plus encore qu'elle ne semble l'avoir fait. La masse de l'assemblée ne pouvait guère ressentir une grande douleur des injures qui s'adressaient à des souvenirs qu'elle détestait et à des monuments qu'elle n'appréciait guère. Les comités spéciaux, et d'abord le comité d'instruction publique, stimulèrent cette inaction et l'empêchèrent de tourner trop souvent en complicité. Ce fut leur mérite. Ce fut celui de l'assemblée de les avoir nommés et de faire droit à leurs réclamations. Eux seuls contenaient un assez grand nombre de ces hommes qui, sans aimer les rois, ressentent vivement les outrages faits aux monuments élevés même à la gloire de la monarchie, qui, sans être chrétiens, trouvent mauvais qu'on insulte aux symboles du christianisme. Qu'on veuille bien y songer, la disposition large, hospitalière aux idées, qui comprend du moins ce qu'elle n'admet pas, était fort rare à cette époque. Elle l'était même dans ces comités auxquels nous faisons allusion ; elle leur était pourtant moins étrangère. L'art du moyen âge était de même peu goûté ; l'idée plus générale que l'art doit être respecté, recueilli dans tous ses vestiges, sous toutes ses formes, ne rencontrait que peu d'adeptes. Elle en eut pourtant, et trouva même un apôtre dans Alexandre Lenoir. Avant tout, il fallait lutter contre les destructions. C'est ce que tentèrent, au nom des comités qu'ils animaient de leur zèle, un petit nombre de promoteurs. Il ne faut pas oublier ces hommes de bon vouloir qui en toute chose prennent sur eux les peines et les périls des difficiles entreprises, et ne recueillent le plus souvent qu'une part bien faible d'un honneur devenu en quelque sorte anonyme.

Au premier rang de ces promoteurs comment ne pas placer Lakanal ? Une véritable reconnaissance est due à ce modeste et énergique défenseur de% lumières et des arts. Plusieurs de nos contemporains l'ont connu ; il recevait même, il y a quelques années, au sein de l'Institut, qu'il avait contribué à organiser, et où il était venu en quelque sorte terminer sa longue carrière, l'hommage le plus éclatant et le plus mérité.[1] On le voit mêlé à tout ce qu'il y eut de créations grandes, utiles. Il défendit avec courage les académies près de succomber, et particulièrement l'Académie des Sciences, qui comptait alors plusieurs hommes de génie, et qui rendait dans ce moment même tant de services au pays en perfectionnant divers moyens de guerre nécessaires à la défense du territoire. Il réussit à sauver le Jardin des Plantes. Il fit adopter le télégraphe de Chappe contre l'indifférence des uns et les doutes des autres. Il fut enfin l'auteur d'une loi importante sur la propriété intellectuelle et de grands projets sur l'enseignement en partie appliqués. Lakanal est le premier qui mit en circulation dans la langue officielle le mot de *vandalisme*. Peu importe qu'il l'ait recueilli de la voix publique ou qu'il l'ait choisi pour désigner ces destructions qui rappelaient les ravages des vrais Vandales. Ce fléau, qu'il osait alors attaquer de front, il le dénonçait dès le commencement de 1793. « Des chefs-d'œuvre sans prix, dit-il, sont chaque jour brisés ou mutilés ; les arts pleurent des pertes irréparables. Il est temps que la convention arrête ces funestes excès. » Où sont pourtant les traces de cette résistance pendant cinq mois ? Nous les cherchons en vain. C'est encore Lakanal qui revient sur la brèche. Il insiste, il fait accepter le décret du 6 juin qui porte « la peine de deux ans de fers contre quiconque dégraderait les monuments des arts dépendants des propriétés nationales. » Deux ans de fers ! certes la peine était sévère ; ne l'était-elle pas trop dans certains cas, pour certains individus ? Fut-elle exécutée ? C'est bien douteux. Les pouvoirs restés debout étaient désarmés devant la multitude, et les municipalités paraissaient, nous l'avons dit, plus fréquemment mêlées à ces désordres qu'occupées pu résolues à y

---

1 *Notice historique sur Lakanal*, par M. Mignet, lue à la séance publique de l'Académie des Sciences morales et politiques le 2 mai 1857.

mettre de sérieux obstacles.

Achevons de montrer ce que fit la convention pour modérer du moins l'étendue des dégradations. Outre les monuments, il y avait les dépôts. Ces dépôts étaient remplis de livres, de meubles, d'objets d'art. Il fallait prendre des précautions contre les pertes qui pouvaient résulter de la confusion de ces dépôts, où s'entassaient tous ces trésors provenant de la suppression des monastères et des biens des émigrés. C'est à cela que travaillèrent diverses commissions. La première fut la *commission des monuments*, nommée dès le 18 octobre 1792, confirmée le 17 août 1793. Elle, était chargée de dresser l'inventaire de tous les objets précieux, livres, tableaux, statues, etc. Son président, le célèbre philanthrope Larochefoucauld, s'adjoignit lui-même plusieurs savants et artistes qu'il réunit pour procéder au choix des monuments et des livres que ce comité voulait conserver plus particulièrement. La municipalité de Paris, qu'on trouve mêlée à des actes par trop peu en rapport avec cette mesure, nommait aussi des artistes et des savants qui apportèrent leur concours à la commission des monuments. Qu'advint-il de cette commission ? Après avoir fait preuve à ses débuts d'un zèle sans doute mal secondé, elle tombe dans une incurie qui finit par exciter les murmures. Le 18 décembre 1793, le rapporteur Mathieu, parlant au nom du comité d'instruction publique, constate une masse de dévastations, de pertes, de méventes dont il rendait hautement la commission responsable. Elle fut remplacée, sur la proposition du rapporteur, par la commission temporaire des arts, à laquelle s'attache une juste célébrité. Cette commission en effet se composait d'hommes spéciaux, quelques-uns illustres, tels que Berthollet, Monge, Lamarck, Brongniart, Corvisart, Vicq-d'Azir. Elle était divisée en douze sections, selon la nature des objets qui appelaient ses soins. Le même conventionnel Mathieu en saluait l'entrée en fonction dans des termes qu'il suffit de rappeler. « C'est à la convention nationale, disait-il, de faire aujourd'hui pour les arts, pour les sciences, pour les progrès de la philosophie, ce que les arts, la science et la philosophie ont fait pour amener le règne de la liberté : ce sont aussi des créanciers de la révolution, et pour qui la révolution doit tout faire. Les ténèbres sont une servitude. »

Cette commission devait rendre en effet de très réels services. Elle arracha quantité d'œuvres d'art à la destruction. On lui doit aussi une instruction remarquable rédigée dès les premiers jours de 1794, œuvre principalement de Vicq-d'Azir et de dom Poirier, sur *la manière d'inventorier et de conserver, dans toute l'étendue de la république, tous les objets qui peuvent servir aux arts, aux sciences et à l'enseignement.* Les indications exactes sur les moyens de sauver de la dégradation les tableaux, gravures, statues, objets de physique, livres, etc., y sont multipliées, classées de manière à former un traité complet. L'envoi de cette pièce patriotique et savante fut fait aux agents nationaux et aux sociétés populaires. Il est permis de garder des doutes sur leur volonté constante et sur leur pouvoir de respecter et de faire exécuter ces prescriptions salutaires. Le succès des efforts de la commission resta très limité, tout le démontre. Comment d'ailleurs, au milieu de tant de préoccupations ardentes et de soins absorbants, faire ce qu'il n'eût pas été facile d'accomplir en des temps plus calmes, c'est-à-dire improviser l'ordre dans des dépôts énormes, entassés à la hâte ? Quant à suspendre les coups de la hache populaire, cela était-il au pouvoir d'une commission ? En fait, les pertes, les détournements ne cessent pas. Les destructions violentes continuent pendant les six premiers mois de 1794. Elles persistent dans plusieurs provinces même après le 9 thermidor. Le premier rapport de l'abbé Grégoire, lu un mois après cette date fameuse, a pour titre *le Vandalisme et les moyens de le réprimer.* Il en parle comme d'un mal encore existant et même dans toute sa force.

Voilà quelles furent les mesures prises. La convention les adopta : les soutint-elle avec une énergie suffisante ? Quoi qu'il en soit, les dégradations et les pertes sont telles qu'il y a bien de l'illusion à vouloir atténuer aujourd'hui la portée du terme de vandalisme révolutionnaire. C'est par trop aussi oublier la notoriété publique. Quoi qu'on puisse dire, la mémoire de ces dévastations est vivante encore. La pierre en garde le stigmate. La façade, l'intérieur des monuments mutilés, en portent témoignage dans presque toutes les localités. Quel commentaire plus irréfragable de tant de rapports écrits ? Quelle réfutation plus concluante de trop indulgents plaidoyers ? Et à quoi sert-il d'alléguer que de pareils exemples auraient été légués par le passé, précédents qui ne seraient pas des excuses, alors même qu'ils ne reposeraient pas sur de trompeuses analogies ? Non sans doute, le passé n'est pas pur de tout excès de ce genre. Toutes les fois qu'on voudra, on trouvera à tous les désordres, à tous les crimes, des précédents dans l'histoire ; mais, je le demande, comment ces exemples tirés de l'ancien régime, tels que l'exhumation des corps enterrés à Port-Royal, ordonnée par un caprice de despotisme monarchique, tels que les ravages commis dans les églises par les fureurs sectaires au temps des guerres de religion, s'appliqueraient-ils à cet emportement systématique, général, ici capricieux et désordonné, là organisé, discipliné, de presque tout un peuple soulevé contre les monuments de son passé ? Comment deviendraient-ils des circonstances atténuantes pour la révolution notamment ? Contre qui se faisait-elle ? N'était-ce pas contre ces temps mêmes dont elle maudissait le fanatisme barbare, qu'elle se vantait de remplacer par des mœurs plus douces ? Que l'on dise que la réaction contre un fanatisme amenait un autre fanatisme, cette explication, très discutable en elle-même, n'ôte rien à l'objection qui reproche à la révolution comme une inconséquence criminelle d'avoir déchaîné une barbarie plus destructive que la France n'en avait connu à aucune époque.

III

Sans essayer d'entrer dans le dernier détail des dégradations et des pertes, qui serait infini, nous désirons ne pas rester dans les termes d'une trop grande généralité. L'exactitude, qui est de devoir en histoire, l'est ici d'autant plus que la question reste encore livrée aux controverses des partis. N'y a-t-il d'autre moyen de combattre certaines légendes royalistes que de leur opposer une légende révolutionnaire, tantôt environnant d'une auréole des héros peu intéressants, tantôt atténuant, adoucissant le mal amnistié dans ses intentions et amoindri quant à l'étendue qu'on lui attribue ? A en croire de nouveaux apologistes, la réfutation semble contenue dans ces mots : on a exagéré ! Ainsi on n'a pas tant guillotiné, on n'a pas tant détruit, on n'a été ni tellement septembriseur ni tellement iconoclaste que l'ont prétendu des gens malintentionnés. Nous voulons bien ; mais examinons.

C'est particulièrement sur les dévastations commises dans la basilique de Saint-Denis que portent ces réclamations. C'est à croire que nous sommes dupes d'une illusion. Nous avons été trompés là-dessus par Chateaubriand et par quelques poètes élégiaques : le premier a écrit à ce sujet un chapitre fort emphatique et fort peu concluant dans *le Génie du christianisme* ; les autres ont pleuré des larmes politiques que la réaction royaliste savait apprécier à leur juste valeur. Qu'il y ait quelque chose de fondé dans ces remarques, d'accord ; mais donnent-elles le droit de conclure que les ruines sont imaginaires ? Non, les ruines restent, et les larmes aussi, non pas celles que répand une sentimentalité de commande, mais celles dont le poète a dit avec une vérité immortelle : *Sunt lacrymœ rerum* ! On a tort de ne s'attacher qu'au nombre des statues brisées et des bras endommagés. N'y eût-il que la statue de Dagobert et les deux statues de Charles VII et de la reine sa femme mises en pièces, que la tête de la statue de Marie, fille de Charles le Bel, séparée du corps et qui fut *volée*, que les deux doigts cassés de l'une des statues du mausolée de François Ier, il nous serait encore impossible de déclarer que les tombeaux de Saint-Denis n'ont pas été saccagés, détruits ; oui, détruits, quoique la plupart des pierres aient été replacées sous la restauration. Il nous semble qu'on se serait donné moins de peine pour réduire les proportions de ce désastre, que l'on considère presque comme fictif, si on s'était dit que cette destruction consistait dans l'exhumation même des corps, dans la fonte des cercueils, dans la disparition de tout ce qui constituait une nécropole royale. Faut-il en prendre son parti avec indifférence ? A ce compte, la mémoire et l'imagination des peuples ne sont plus rien uniquement parce que nous sommes une démocratie. Il est difficile de prendre son parti de cette indifférence. On confond à tort avec un superstitieux fétichisme le respect du passé historique. L'enlèvement des statues pouvait bien s'appeler aussi une destruction quand elle fat accomplie, puisqu'elle faisait disparaître l'intégrité du monument. Il fallut qu'Alexandre Lenoir allât les déterrer sous l'herbe qui les recouvrait dans un champ voisin.

Nous éviterons de pousser trop loin l'investigation ; nous n'irons pas avec un soin trop minutieux fouiller dans les cercueils des rois de France pour y chercher un à un quels objets précieux, quels témoignages de luxe des sépultures tout un passé monarchique y avait entassés. On trouve ce travail accompli avec la plus tranquille indifférence par un des témoins délégués, par le rapporteur principal de l'*opération* d'extraction des cercueils, le bénédictin dom Poirier. N'approuvant ni ne blâmant rien, républicain ou royaliste, on ne peut le deviner, il décrit, il suppute, avec la simple curiosité d'un antiquaire. Il raconte comment on a trouvé des restes de diadème et point de couronnes dans deux tombeaux, l'un du commencement du XIIIe siècle, l'autre du commencement du XIVe. Si les tombeaux intermédiaires n'offrent ni diadèmes ni couronnes, c'est que les cadavres ont été bouillis et désossés, et les ossements rassemblés dans de petits cercueils. Ils n'ont donc pu être revêtus des ornements de la dignité cruels avaient possédée pendant leur vie. Dans les tombeaux des XIVe et XVe siècles, on a trouvé neuf couronnes tant de vermeil que de cuivre doré. Le cercueil de Charles V renfermait une couronne de vermeil, une main de justice d'argent, un sceptre de cinq pieds de long, surmonté de feuilles d'acanthe d'argent bien doré, celui de Jeanne de Bourbon un anneau d'or, des fragments de bracelets, des souliers d'une forme très pointue, brodés d'or et d'argent. On a trouvé dans le cercueil de Louis VIII un reste de sceptre de bois pourri, un diadème qui n'était qu'une bande d'étoffe tissue en or, avec une grande calotte d'une étoffe satinée assez bien conservée : le corps avait été enveloppé dans un drap ou suaire tissu d'or ; on en trouva des morceaux. On voit, par là qu'en somme les matières précieuses et les objets d'art ensevelis dans le cercueil des vieux rois n'étaient pas aussi prodigués qu'on l'a cru par nos aïeux. Dom Poirier ajoute même qu'on finit par sentir le *ridicule* d'enfouir l'or et l'argent dans le sein de la terre avec la pourriture des cadavres. Cet usage cessa au XVIe siècle. La révolution fit plus : elle porta à la Monnaie ces matières précieuses restées inutiles dans des tombes, et les fit fondre.

Les détails que nous transmet dom Poirier sont instructifs, mais accompagnés d'une expression dont la crudité choque. Sommes-nous devenus trop délicats sur le chapitre des laideurs physiques de la mort, dans lesquelles avait paru pendant des siècles se complaire à l'excès un spiritualisme ascétique ? Pour l'impassible bénédictin, l'exhumation des restes des rois de France se réduit à, deux questions, une question d'archéologie, une question d'anatomie et d'embaumement, qui ne l'intéresse pas moins, et qui lui paraît trouver dans l'opération qui s'accomplit une circonstance unique pour être résolue. Ce sont ses termes mêmes. Il regrette que les citoyens Tourette et Pinson, très versés dans l'étude de la composition et de la décomposition des ossements, malheureusement invités trop tard, aient manqué *l'occasion unique*, dit-il, d'*observer des sujets* de tout âge et de tout sexe qui se sont succédé pendant l'espace de douze siècles, c'est-à-dire députe le squelette de Dagobert, mort en 638, jusqu'à celui du dauphin mort en 1789. Des *sujets*, voilà l'expression que continue à employer, en parlant des restes des personnes royales, ce pieux et sévère écrivain, qui, se renfermant dans sa probité rigide d'érudit, sans laisser percer jamais la moindre émotion, même historique, décrit tout en conscience, et pour qui les cercueils de Henri IV et de Louis XIV ne sont que des coffres de chêne ou de métal, mesurant telles dimensions et renfermant des curiosités dignes d'être constatées avec soin, y compris les os et le cadavre des rois défunts !

Sur les pertes d'objets d'art et de luxe, comme sur la dégradation des monuments, il n'existe pas de documents plus instructifs que les rapports de l'abbé Grégoire. Le premier fut lu le 14 fructidor an III. Les pertes les plus étendues y sont signalées. « Les lois conservatrices des monuments sont inexécutées et inefficaces, » dit le rapporteur, qui ajoute ces paroles remarquables, si l'on se reporte à cette date déjà avancée, car nous sommes en pleine année 1794 : « Le vandalisme redouble ses efforts. Il n'est pas de jour où le récit de quelque destruction nouvelle ne vienne nous affliger… C'est dans le domaine des arts que les plus grandes dilapidations ont été commises. Ne croyez pas qu'on exagère en vous disant que la seule nomenclature des objets enlevés, détruits ou dégradés, formerait plusieurs volumes. » On s'explique peu que ces mémoires si substantiels soient frappés de suspicion, non pas que l'auteur soit dans ses écrits une autorité infaillible : esprit honnête et courageux, mais passionné, parfois crédule, Grégoire porte la peine de son caractère ardent et de sa position fausse de prêtre convaincu et de montagnard déclaré ; mais la lecture de ces rapports ne justifie pas, à ce qu'il nous semble, l'accusation de vague adressée à des rapports qui offrent en général le caractère d'une assez grande précision. Grégoire parlerait le plus souvent d'objets qui ont *failli* être détruits. Il se sert quelquefois de cette expression, mais à propos d'objets qui ont échappé à une destruction imminente, qu'il n'a pas tenu au vandalisme de ne pas consommer. Il fallait bien signaler aussi ces attentats. Les assertions de Grégoire seraient souvent hasardées. Qu'on lise le rapport du 7 brumaire an III, époque où encore « les destructions continuent ; » on y verra que les faits allégués par le célèbre conventionnel dans ses différents rapports n'ont pas été recueillis par lui ; il ne fait que résumer la correspondance des comités de l'instruction publique et des arts. On ajoute que l'auteur lui-même a reconnu des exagérations, les a rectifiées dans son troisième rapport du 24 frimaire. Sans doute, il a donné cette preuve de sa bonne foi ; mais outre que les faits, en très petit nombre, qui se trouvaient exagérés gardent en général une gravité réelle, presque toujours les rectifications du rapporteur portent moins sur les dégradations en elles-mêmes que sur la participation des administrations. Bien loin d'atténuer les résultats des précédents rapports sur le vandalisme, ce troisième mémoire ajoute encore aux révélations contenues dans les premiers ; il constitue un acte d'accusation des mieux motivés, et dont on essaierait en vain de diminuer l'importance. Qu'en effet il y ait eu moins qu'on ne l'avait cru de dégâts à Coutances et dans la petite ville de Thorigny, il n'y a pas de quoi beaucoup triompher. Grégoire cite vingt autres endroits où le mal est plus grave qu'on ne l'avait dit d'abord. Parmi ces faits, il en est qui méritent d'être rappelés. A Verdun, les tableaux, les tapisseries, les livres et autres objets provenant de la cathédrale ont été transportés sur la place La Roche ; les officiers municipaux, décorés du ruban tricolore, le district, deux membres du département, ont assisté à cette glorieuse expédition. On a battu la générale, on a fait prendre les armes aux citoyens, et les destructeurs se sont livrés à ces excès de boissons par lesquels ce genre de scène finit d'ordinaire quand ce n'est pas par là qu'il commence. Après la cérémonie, ces mêmes hommes ont forcé l'évêque constitutionnel à danser autour du bûcher. Il nous semble pourtant que cela ne laisse pas d'être assez complet comme scène de vandalisme. Le mal n'avait pas été connu non plus tout entier pour Nîmes, Morfontaine, Bourges, Gisors, Mayenne, pour d'autres localités, comme Meudon, comme Sens, où le monument du chancelier Duprat avait été dégradé.

Combien d'autres faits ajoutés à ceux qui avaient été dénoncés !
En voici quelques échantillons : à Mont-de-Marsan, deux statues
de Mazetti ont été mutilées ; à Reims, on a mutilé un tombeau
d'un beau travail, précipité d'une hauteur de 20 pieds un tableau de
Zuccharo. A Melun, une belle statue de marbre blanc a été cassée.
A Fontainebleau, un tableau magnifique est en cendres. Sans doute
Grégoire fait allusion au portrait de Louis XIII par Philippe de
Champagne. Dans la même ville, on a brisé une statue de fleuve en
bronze qui avait été exécutée sous la direction de Léonard de Vinci.
A Étain, nombre de livres volés. A Saint-Serge, près d'Angers, dans
l'église des Bénédictins, des groupes précieux, sont brisés. Deux
belles statues, le saint Jérôme et le saint Sébastien, qui avaient
échappé à cette rage dévastatrice, ont été détruites. A Verdun, où
nous venons de voir la municipalité se signaler par ses hauts faits,
les arts regrettent surtout une Vierge de Houdon, et un Christ
mort de grandeur naturelle. A Versailles, c'est une magnifique tête
de Jupiter qui subit le même sort. Un vandale s'est amusé à tirer à
balle sur ce monument, qui avait orné les jardins de Médicis, et qui,
depuis plusieurs siècles, n'avait subi aucune avarie. Ailleurs, comme
à Carpentras, des parties entières de monuments tombent sous le
marteau. Dans plusieurs villes, on détruit jusqu'aux orangers. A
Paris même, aux Invalides, des statues mutilées en grand nombre
jonchent le sol de leurs débris ; il faut citer beaucoup de sculptures
dues à Coisevox, à Houdon, à Bouchardon. Vous ne trouverez pas
mentionnée là une autre perte, avérée pourtant, deux figures de
Germain Pilon ornant l'horloge du Palais de Justice, qui furent
brisées. Quel remède, outre l'appel aux bons citoyens, invoque
Grégoire contre ces destructions qu'il signale avec la plus honorable
indignation ? L'instruction du peuple ! Sans doute le remède a sa
valeur, quoiqu'on ne puisse s'empêcher de remarquer qu'il nous a
été donné de voir des révolutionnaires fort lettrés n'avoir pas plus
de respect pour les monuments. En tout cas, il faut avouer que le
remède indiqué par l'abbé Grégoire était un peu lent, comparé au
mal.

Une des parties les plus curieuses et plus incontestables des
pertes causées par le vandalisme se rapporte aux bibliothèques.
Ces grands établissements, outre leur caractère d'utilité publique,
représentent un des côtés du luxe national. Les richesses qu'elles

renfermaient, et dont la dégradation constitue une double atteinte portée à l'art et à la fortune publique, ont à l'époque révolutionnaire souffert au-delà de ce qu'où suppose habituellement. On en a la preuve dans un assez grand nombre de documents du temps, parmi lesquels les recherches de Grégoire tiennent encore une place des plus notables. il parle des livres avec un véritable enthousiasme. Il demande qu'on remette en lumière beaucoup d'ouvrages remarquables par la beauté de l'exécution, tenus dans l'ombre systématiquement, à ce qu'il croit, par l'ancien régime, parce qu'ils accusaient les vices ou les crimes des princes, ou parce qu'ils racontent les glorieux exploits de la liberté. Au reste, l'évêque de Blois, en bon républicain, ne veut pas que les beaux volumes, c'est-à-dire les livres magnifiquement habillés, absorbent seuls l'attention ; il pense à la plèbe, aux bouquins. Il veut qu'on les catalogue avec soin. Ils valent mieux parfois que les livres reliés en maroquin et dorés sur tranches. Qu'il y ait d'ailleurs des livres de luxe, soit ; mais que la lecture ne soit pas un luxe, que les bibliothèques s'ouvrent à tous ! Et ainsi des statues et des tableaux. Tous ces dépôts allaient s'accroître de magnifiques envois faits par nos armées victorieuses. Le rapporteur les célèbre dans un langage presque lyrique. « Outre les planches de la magnifique carte de Perrari, dit-il, vingt-deux caisses de livres et cinq voitures d'objets scientifiques sont arrivés de la Belgique ; on y trouve les manuscrits enlevés à Bruxelles dans la guerre de 1742, et qui avaient été rendus par stipulation expresse du traité de paix en 1769. La république acquiert par son courage ce qu'avec des sommes immenses Louis XIV ne put jamais obtenir. Crayer, Van Dyck et Rubens sont en route pour Paris, et l'école flamande se lève en masse pour venir orner nos musées. » Le beau joue un rôle, on le voit, à côté de l'utile dans les préoccupations du savant évêque de Blois. Il n'est pas tellement *égalitaire* en fait de livres qu'il n'attache un juste prix à tout ce qui représente une valeur d'art. C'est ainsi, dit-il encore, que le missel de *Capet* à Versailles allait être livré pour faire des gargousses lorsque la Bibliothèque nationale s'empara de ce livre, dont la matière, le travail, les vignettes et les lettres historiées sont des chefs-d'œuvre.

Loin de trouver ces documents exagérés, n'y aurait-il pas lieu de se demander s'ils ont tenu compte de toutes les dégradations et de toutes les pertes ? Pour les monuments, non évidemment. On dit qu'il n'y a pas eu beaucoup de chefs-d'œuvre détruits : il nous semble que nous en avons cité quelques-uns. Et combien d'œuvres distinguées et rares ont été mutilées ! Combien de fragments détachés de monuments dont ils étaient comme une partie vivante, et qui par là, comme par leur antiquité et leur caractère, restent à jamais regrettables ! Quant aux bibliothèques, nous soutenons que Grégoire n'a pas tout dit ; les preuves qu'il apporte du vandalisme s'attaquant aux bibliothèques, aux collections, aux cabinets scientifiques, sont loin d'équivaloir à la réalité. Coupé (de l'Oise) lui-même, dans un rapport détaillé du 21 janvier 1794 (4 pluviôse an II) sur les bibliothèques, n'a pu tout dire par la raison que beaucoup de faits éclaircis aujourd'hui restaient obscurs alors, et que. beaucoup plus encore probablement demeureront toujours inconnus. La révolution assurément mit un grand zèle à répandre dans une foule de bibliothèques, non-seulement à Paris, où les richesses existantes déjà augmentèrent dans une proportion très grande, mais dans les départements, les ouvrages provenant des maisons religieuses et des biens confisqués des émigrés. Néanmoins entre le moment où ces volumes, dont beaucoup étaient fort précieux, vinrent s'entasser au nombre de plus de quinze cent mille dans divers dépôts du département de la Seine et à Versailles, et l'instant où ils trouvèrent leur place définitive, il s'écoula un temps que le vandalisme devait mettre à profit. La convention avait eu beau nommer une section de bibliographie ; le travail était loin d'être fini en 1798, quand le directoire faisait chercher dans les dépôts les éléments de sa propre bibliothèque et de celle du conseil d'état. Longtemps après ces rapports de Grégoire le désordre continuait dans ces fonds, destinés à former les bibliothèques départementales, presque toujours livrés à des administrations peu compétentes. On ne sait pas tout ce qui fut perdu, vendu à vil prix, emporté à l'étranger, de livres remarquables par la beauté de la reliure, la rareté de l'édition, de manuscrits d'une grande valeur sous le rapport de l'art ou de l'érudition. Les plus beaux parchemins, les ouvrages les plus curieux, furent vendus au poids à des débitants qui en enveloppaient leurs denrées.

A Paris, les dilapidations persistent dans certains dépôts malgré les plaintes des rapporteurs et les soins du comité. Dans sa sollicitude ingénieuse, la commission des arts avait décrit avec soin, cherché à prévenir tous les dangers que peuvent courir les livres, l'humidité, les insectes ; elle n'avait pas prévu les bibliophiles ! Ils s'abattirent sur cette curée. Un fin connaisseur, d'Ambreville, avait été autorisé à faire pour les bibliothèques un choix dans le dépôt dit *Culture Sainte-Catherine*. Il fut accusé de l'avoir fait pour lui, de s'être composé une bibliothèque de superbes volumes, magnifiquement reliés. Sans doute, on ne saurait donner le nom de vandales à ces amateurs distingués et instruits, mais peu scrupuleux, ni même à ces spéculateurs qui firent des fortunes en achetant et en revendant des livres et des objets d'art ; ces dispersions des collections importantes, ces achats clandestins qui dépouillaient la France de vrais trésors, n'en constituent pas moins une variété de vandalisme. On cite dès 1791 beaucoup de livres dérobés dans les anciens monastères de Saint-Jean de Laon, de Saint-Faron de Meaux, vendus à Paris, à l'hôtel de Bullion, d'après un catalogue supposé d'un certain abbé pour écarter les soupçons. Les malversations, les friponneries dénoncées par ces documents, purent être pratiquées sur une large échelle dans beaucoup de localités où les volumes étaient accumulés par grande masse. D'adroits voleurs dépareillaient les ouvrages, les rachetaient incomplets presque pour rien, les recomposaient ; on faisait subir le même traitement aux machines, instruments de physique ; on achetait séparément les pièces à vil prix, on en reformait l'ensemble pour le revendre cher au bon moment. Et, chose plus grave, n'y eut-il pas un vandalisme officiel ? Ce ne serait pas du vandalisme, le décret par lequel la législature avait ordonné, le 19 juin 1792, que tous les titres de noblesse existant dans les dépôts publics seraient brûlés ! Et l'homme qui proposa et fit adopter cette résolution, dont la conséquence fut la destruction de nombre de pièces importantes pour l'histoire, était qui ? un savant de premier ordre, un philosophe poussant l'enthousiasme des lumières et de la civilisation jusqu'aux limites de l'utopie, qu'il a franchies plus d'une fois, l'auteur du *Tableau des progrès de l'esprit humain*, Condorcet lui-même ! A l'auto-da-fé d'un grand nombre de ces pièces qui furent brûlées, au milieu des transports de joie, dans beaucoup de localités où existaient des archives, s'en joignit un autre également regrettable. Ordre était donné, le 19 août 1792, de brûler aussi les pièces des ci-devant chambres des comptes, remontant à plus de trente ans, et tous les titres relatifs aux droits seigneuriaux. On voulait couper court à tout retour au privilège : mesure aussi peu efficace à ce point de vue qu'elle était désastreuse sous le rapport de l'érudition et de la vraie science historique ! La convention, il faut le reconnaître, mit dans cette affaire plus de modération et d'intelligence que l'assemblée législative. On doit ici encore savoir un gré particulier à ces comités spéciaux qui, en consacrant le principe de la séparation des travaux, empêchèrent bien de mauvaises choses et en produisirent d'excellentes. Il y aurait pourtant à distinguer entre les premières mesures et celles qui suivirent. Y a-t-il une différence bien notable entre le décret de la législative qui fait brûler les archives et celui de la convention du 3 octobre 1792 qui les destine à servir à la confection des gargousses de l'artillerie ? On trouvait encore en 1853 (le fait a été relaté par M. Vallet de Viriville), dans les magasins de l'artillerie, des parchemins qui avaient été destinés à faire des gargousses, et qui contenaient des débris de comptes relatifs au règne de Charles VII ! Les deux décrets, l'un ordonnant la réunion des archives dans un local commun, l'autre décidant que ce local serait le Louvre, donnaient satisfaction à ceux qui attachent du prix à la conservation des monuments. Cette satisfaction devenait plus complète avec l'organisation successive des archives nationales par des mains savantes de plus en plus expérimentées.

Tous les vandales, on le voit trop, ne furent pas des plébéiens ignorants et fanatiques. L'histoire dans ses documents fut plus d'une fois sacrifiée par des hommes de science. Des bibliophiles dilapidèrent les livres ; des artistes voulurent abandonner à la destruction les produits de l'art du moyen âge. Il fallut que d'autres artistes, plus sympathiques ou plus respectueux pour ces débris d'une époque alors dépréciée, fissent les plus grands efforts pour en recueillir les monuments. Enfin on vit des lettrés pousser à la mutilation des beaux livres de luxe qui portaient sur leur couverture les emblèmes de la royauté. Qui pourrait le croire, si on n'en avait les preuves trop authentiques ? Un membre de cette Académie française qu'un décret sans excuse avait supprimée, un critique célèbre, malheureusement connu par d'autres emportements d'un zèle révolutionnaire trop soudain pour n'être pas soupçonné d'un calcul inspiré par la peur, La Harpe lui-même, dans un article du *Mercure* du 15 février 1794, demandait la suppression des armoiries royales des livres de la Bibliothèque nationale. On objectait qu'un tel travail ne coûterait pas moins de 4 millions. La Harpe, tout en contestant le chiffre, ne s'en effrayait pas. « Nous n'en sommes pas, écrivait-il, à 4 millions près quand il s'agit d'une opération vraiment républicaine. » Singularité d'une époque féconde en contrastes inattendus, tandis que cet écrivain d'un caractère faible et irritable, mais inoffensif, commentait les tragédies de Racine, coiffé d'un bonnet rouge, et dénonçait aux proscripteurs les reliures de l'ancien régime, un homme tout autrement redoutable, un approbateur, un complice des massacres des prisons, un signataire des affreuses circulaires du 2 septembre, déployait en faveur des objets d'art, même catholiques et monarchiques, l'ardeur la plus conservatrice ! Sergent, dans ses rapports, par le des tableaux, avec sensibilité, et verse à propos de statues des larmes sincères. Sergent, artiste par profession, aimait tout, ce qui tient à l'art. Laissons à la biographie anecdotique le soin de rechercher si son goût pour les objets d'art et précieux, ne fut pas porté jusqu'au point de se les approprier parfois d'une manière illégitime. Ce qui est certain, c'est que, de gré ou de force il rendit à la convention, sous forme d'hommage, la fameuse agate tombée dans ses mains aux Tuileries pendant la nuit du 10 août, agate qui présentait le phénomène singulier d'offrir aux yeux les reflets des trois couleurs nationales, — attrait auquel s'en joignait un autre : elle valait cent mille francs, d'après l'évaluation du détenteur lui-même, à qui le sobriquet de *Sergent-agate* en resta. Ni ces accusations, contre lesquelles il cherche à se défendre dans plusieurs brochures, ni sa complicité trop démontrée dans les massacres, ne sauraient empêcher qu'il n'ait fait preuve du plus actif et du plus efficace dévouement dans la commission des arts. Il arracha, aux fureurs révolutionnaires les chevaux de Marly, l'horloge de Lepaute, un grand nombre de statues placées à Versailles, qu'il fit transporter à Paris et mettre sous bonne garde ; il établit à l'hôtel de Nesle le dépôt de tout ce qui put être soustrait au vandalisme ; enfin il fit remplacer dans le jardin des Tuileries, par des fleurs et des arbustes, les pommes de terre que ses collègues de la commune y avaient fait planter.

I. LE VANDALISME.

Nous nous sommes posé en commençant cette question de savoir qui fut coupable du vandalisme et s'il faut l'imputer à un parti. La question s'agite avec une singulière passion en 1793 et en 1794. Robespierre en accuse à diverses reprises, Pitt et les aristocrates, les thermidoriens en accusent Robespierre. Erreur des deux parts. Pitt n'eut pas besoin de solder des hommes qui trouvaient leur plaisir à détruire, et la contre-révolution, ne mit pas la main dans la dévastation de tous les souvenirs qu'elle honorait. Grégoire, Lakanal, Fréron, Fourcroy, Marie-Joseph Chénier, s'accordent, tous à comparer le dictateur déchu au farouche conquérant Omar. Ils répètent à l'envi qu'il avait comploté de plonger la France dans la barbarie. Ce complot contre les arts et les lumières, ce dessein suivi d'en anéantir jusqu'aux derniers restes ne repose sur aucun fait, et l'étude du caractère de l'homme le dément. Quel que juste répulsion qu'il inspire, et bien qu'il pût obéir à un sentiment d'envie en proscrivant de brillants orateurs, Robespierre ne saurait être accusé de ce projet, qui n'est en rapport ni avec ses théories, ni même avec ses actes. Ce défenseur de l'instruction primaire n'était pas un conspirateur en faveur des ténèbres ; ce rhéteur étudié ne saurait être pris pour un ennemi des lettres ; cet adversaire de l'hébertisme, qui protestait contre les scènes impies dont la convention était le théâtre, n'était pas un partisan des profanations et du pillage des églises ; ce héros de fêtes pompeuses dont il était le prêtre et le dieu n'était pas le systématique adversaire du luxe public. Justice à chacun, même à Robespierre, puisque le parti thermidorien a trouvé moyen de calomnier même Robespierre. C'est le tort des partis vainqueurs de croire que les crimes réels ne suffisent pas, s'ils n'en ajoutent d'imaginaires. Le parti victorieux paraissait craindre que la mémoire du tyran tombé ne restât pas écrasée sous d'assez sûrs et d'assez terribles griefs. C'est une crainte que nous n'avons plus, et cela doit nous rendre du moins l'impartialité facile.

Le coupable, il faut le redire quand on a jeté un coup d'œil sur ces tristes excès, ce n'est personne et c'est tout le monde, ce n'est aucun parti et ce sont tous les partis qui encouragèrent de leurs paroles enflammées ou de leur faiblesse devant la foule, des passions qui ne sont pas seulement celles d'un temps, mais qui couvent au fond de toutes les sociétés humaines, même alors que les révolutions ne les agitent pas. L'auteur direct, immédiat, du vandalisme, pour l'appeler par son nom, c'est la démagogie, fléau de la civilisation comme de la liberté, qui se modifie, mais ne meurt pas. Elle ne quitte la hache que pour saisir la torche. 1793, ce que personne n'eût pu croire, revit par certains côtés, en 1871. Les monuments sont proscrits par des passions à quelques égards différentes, mais non moins destructives, et armées de procédés plus savants et plus rapides. A l'époque révolutionnaire, l'homme démolit à ciel ouvert et sans se cacher derrière l'élément irresponsable. L'outil est simple comme la pensée, et ne va ni au-delà ni en-deçà de ce qu'elle a résolu. Jeu terrible, jeu où l'homme s'anime, s'exalte, où la destruction pour elle-même finit par tenir plus de place que la haine de ce qu'on détruit, et où l'on continue à frapper sans pouvoir s'arrêter par cette raison surtout qu'on a commencé à frapper !

A ces ennemis farouches du luxe public, qui en attaquent tous les monuments par le fer et le feu, se joint enfin un autre ennemi d'une nature toute différente, prudent et habile, qu'on a vu se glisser déjà dans les ventes, s'introduire dans les dépôts, tour à tour rusé ou hardi, c'est la spéculation sans scrupule. La révolution n'était pas terminée, et la spéculation déjà organisait la *bande noire*. Nous ne confondons pas cette spéculation, après tout légitime, en elle-même, mais parfois peu scrupuleuse, avec le vandalisme. La bande noire eut pourtant plusieurs de ses effets, et acheva son œuvre. On la vit, ou plutôt on vit ces *bandes noires* répandues, partout, pendant près de quarante ans, agissant au grand jour, achetant les domaines, les dépeçant, faisant aux châteaux, aux monuments de la vieille France une guerre sans haine, mais non moins destructive. Un vif et caustique esprit, un rare écrivain, Paul-Louis Courier, a fait des bandes noires le plus spirituel éloge. Oui, il avait raison de le dire, la petite propriété gagnait à cette division du sol, la classe rurale en profitait ; mais Courier, qui en Italie écrivait avec un crayon sur la base d'une jolie statue de Cupidon brisée par la guerre : *Lugete, Veneres Cupidines que*, ne retrouvait plus la même émotion en faveur des arts de l'ancien régime. C'était la tâche exclusive du parti royaliste d'en déplorer les pertes en prose et en vers. L'agriculture et la politique réunies ne désarmeront pourtant pas les arts de leurs légitimes griefs, et ne les consoleront pas de leurs pertes en leur montrant un champ de blé à la place où s'élevait le château qui renfermait encore de précieuses merveilles.

Ainsi devait périr, sous l'empire des mobiles les plus différents et par les moyens les plus divers, une partie de ce qui avait constitué le luxe du passé. Ces ruines ont été un des griefs qui ont le plus nui à la révolution. Les sociétés civilisées sont ainsi faites : plus encore que le sang qui coule dans les discordes civiles, la destruction des monuments et des arts laisse un souvenir profond, une plaie vive et durable ; sentiment qui peut paraître exagéré au premier abord, mais dont la réflexion se rend compte aisément. Ce n'est pas seulement, si puissants que soient ces motifs, parce que la pierre est désarmée, innocente en quelque sorte des griefs des partis, et parce qu'il est impie de faire disparaître en un instant ce qui a coûté tant de longs et pénibles travaux ; ce n'est pas non plus toujours en. raison de la beauté des choses détruites que ce sentiment se manifeste et se développe. Il y a de cette douleur un motif plus profond encore, c'est que tout ce qui porte la trace de la vie morale est sacré, et que rien n'en peut périr sans que l'humanité se sente atteinte dans quelque partie de son âme, religion, loi, science ou art, représentés par ces monuments ! En autre sentiment, moral encore, c'est le respect des générations passées qui les ont élevés, aimés. Voilà ce qui souffre en nous quand tombent ces édifices de pierre et ce qui se souvient quand ils sont tombés. Lorsque la destruction s'est faite par la lente action du temps ou par quelque soudain désastre de la nature, on se borne à des regrets résignés. Lorsqu'il a plu à l'homme de s'en rendre le libre instrument, le regret se change en ressentiment amer et trouve un suprême écho dans l'histoire.

Ce que la révolution a fait contre le luxe public, on vient de le voir ; nous rechercherons ce qu'elle a créé ou essayé pour l'encourager.

II. LES FONDATIONS ET LES ESSAIS DE RÉFORME

I

La révolution, dans l'œuvre destructive qui battait en brèche les monuments et les arts, avait voulu se modérer, s'arrêter ; elle avait lancé des décrets, pris des mesures, — on a vu avec quel succès. Disons mieux, il y avait dans la révolution deux forces aux prises : l'une le pouvoir organisé, l'autre l'anarchie livrée à elle-même. Malheureusement le pouvoir organisé, c'est-à-dire la convention, était divisé contre lui-même, avait son anarchie intérieure, et se trouvait faible, désarmé contre l'anarchie du dehors. Rendue à la liberté de ses instincts et de ses actes, la convention revenait naturellement à d'autres penchants que la destruction ; elle voulait refaire après avoir défait. Convaincue, souvent au-delà de toute vérité, que rien n'était bon dans ce qu'elle avait supprimé, elle mettait la même confiance dans le mérite de ses œuvres. Pas un de ces législateurs qui ne croit bâtir un monument destiné à traverser les siècles, l'édifice même de la France régénérée. Ambition impuissante toutes les fois que la révolution veut se séparer trop complètement du passé, expiée non-seulement par ces législateurs, qui devaient voir périr leur œuvre politique, mais par nous qui leur survivons ! Se borne-t-elle au contraire à emprunter au passé les éléments de son travail de reconstitution, à les combiner avec plus de méthode, à les approprier aux besoins d'une société nouvelle, elle fait œuvre qui dure. Dans ses réformes du luxe public, on en trouve d'utiles, celles qui ont tenu compte d'éléments préexistants ; on y rencontre des tentatives avortées, celles qui présentent le caractère exclusivement révolutionnaire. Comment s'en étonnerait-on ? Innover absolument en fait de luxe public, croire qu'on peut braver là impunément plus qu'ailleurs les traditions, les usages, les convenances d'un pays qui se manifestent par ses mœurs, il n'y a pas de plus chimérique illusion. L'effort, même aidé de la contrainte, n'y suffit pas ; l'effort ne donne pas l'originalité, la vie.

Faire des beaux-arts une école de patriotisme et de vertu, c'est l'idée des anciens. La révolution s'en empare ; elle y mêle ces principes de civilisation et de démocratie, qu'elle rattachait à une théorie philosophique, et dont elle voulait étendre l'application à tous les peuples, considérés comme les membres d'une seule famille. Sans doute, au milieu de la grande lutte où la république est engagée, les arts, les fêtes porteront par moments la marque d'un patriotisme plus farouche, plus exclusif ; une certaine universalité n'en demeure pas moins le caractère dominant des tendances de la révolution en cette matière comme en toute autre. Morale, lumières, humanité, voilà sa devise ordinaire, devise souvent mal traduite ou même foulée aux pieds ; il ne faudrait pas croire pourtant que rien n'en a respiré et passé dans ses créations et dans ses tentatives, même si on se renferme dans cette question spéciale du luxe public.

La manière dont la révolution conçoit, organise les arts, en est certainement un témoignage. Elle veut initier la masse à de plus nobles jouissances. Ne peut-on travailler de la main tout le jour et pourtant être capable de recevoir cet éclair, ce rayon divin de l'art, de goûter un beau tableau, une œuvre forte, héroïque, de la statuaire ? Le peuple sera-t-il à jamais confiné dans ce que la matière et les sens ont de plus grossier ? Nous honorons la révolution française de ne l'avoir pas cru ; c'eût été tomber, pour les nations modernes, au-dessous de ces républiques anciennes qui multipliaient sous les yeux de la masse les monuments des arts, qui leur offraient les plus nobles représentations au théâtre, qui leur donnaient des fêtes empreintes d'un grand caractère. A quelques exceptions près, qu'on peut nommer monstrueuses, on a pu dire que l'art adoucit, élève, civilise. Il moralise donc aussi, mais comment ? Par ses effets plutôt que par ses intentions directes, résultant d'un parti-pris. En thèse générale, toute œuvre belle est morale par là même, car elle exerce sur l'imagination et le cœur une action salutaire. Allez au-delà, essayez de faire des œuvres d'art des traités de morale en action, vous serez froid, vous manquerez le but, — observation qui trop souvent trouve à s'appliquer au luxe public à l'époque révolutionnaire. Cette époque s'exagère trop aussi la puissance de l'état ; elle lui attribue le pouvoir, qu'il n'a pas, de régénérer l'art. Sans doute l'état influe sur les arts par cela seul qu'il les stimule et les récompense. Il n'en est pas moins vrai que l'état a peu de prise sur les âmes. Il développe jusqu'à un certain point les talents, il ne saurait les créer ; le meilleur encouragement qu'il puisse encore leur accorder, c'est de les laisser libres.

On peut suivre comme à la trace cette intention d'imprimer à l'art un caractère plus moral, plus national aussi. Un tel idéal n'a-t-il pas son expression assez exacte dans le vrai peintre de cette époque, David ? Qui contesterait l'élévation à l'auteur de la *Mort de Socrate* ? Qui nierait l'inspiration nationale du peintre du *Serment du jeu de paume* et de plusieurs de nos grandes batailles ? Ce qu'il y a chez lui de raide et de théâtral ne fait qu'achever la ressemblance avec les traits dominants de la révolution pendant la période conventionnelle. La théorie de David est conforme à sa pratique. Il l'exprime dans un rapport sur le jury des arts, cette institution démocratique que la révolution inaugura en prenant pour base, tel était du moins son désir, le mérite et l'élection. « A cette époque, écrit David, les arts doivent se régénérer comme les mœurs, » et il laisse voir ce qu'il entend par cette régénération. On retrouve la même pensée dans le rapport du conventionnel Bouquier. La convention avait rattaché les arts au comité d'instruction publique. Bouquier, organe de ce comité, chargé de rédiger le projet de décret relatif à la restauration des tableaux et autres monuments formant la collection du Muséum national, ne doute pas non plus que de la révolution datera l'ère de l'art renouvelé. La forme qu'il donne à cette sorte de proclamation a beau être emphatique et de mauvais goût ; l'inspiration dominante garde son caractère et sa force. Des sujets qui relèvent les courages, qui honorent les mœurs, qui fassent aimer l'humanité, et dans l'exécution un style mâle et nerveux, voilà ce qu'il recommande.

C'est sous les auspices de ces pensées réformatrices que s'ouvre le grand musée du Louvre. La constituante en 1791 avait désigné ce magnifique palais pour en faire la demeure des arts. Une foule de richesses s'y donnèrent rendez-vous : œuvres de toute origine, venant les unes des biens confisqués, les autres du *cabinet du roi* ou des maisons royales, plus tard du palais de Versailles. Les trésors conquis à l'étranger y ajoutaient bientôt de nouveaux chefs-d'œuvre. La convention mettait en outre 100,000 francs par an à la disposition du ministre de l'intérieur pour acheter les œuvres qu'il importait de ne pas laisser sortir de France. Tout ce que ne garda point le *Muséum central des arts*, comme on disait à cette époque, fut réparti dans de grands dépôts assignés aux villes les plus importantes. La révolution accomplissait pour les musées ce qu'elle

II. LES FONDATIONS ET LES ESSAIS DE RÉFORME

accomplissait pour les bibliothèques, elle en ouvrait le sanctuaire à quiconque voulait en profiter et en jouir. En même temps que s'ouvrait la bibliothèque des religieux de Sainte-Geneviève, dont Daunou fut le premier bibliothécaire, et que la bibliothèque de l'Arsenal, propriété du comte d'Artois, était livrée au public, la grande bibliothèque nationale continuait à se réorganiser. C'est pourtant en 1796 seulement que l'administration s'établissait sur des bases nouvelles. La partie de luxe était loin d'y être négligée. Sur les huit membres qui formaient le conservatoire, il y en avait deux pour les antiques, médailles et pierres gravées, un pour les estampes. Le nombre des volumes de la bibliothèque nationale, qui ne s'élevait en 1795 qu'à 152,868, s'augmentait dans la proportion la plus considérable par la masse des livres provenant des couvents de Paris. La bibliothèque Mazarine s'accroissait rapidement aussi.

Le musée du Louvre ouvert au public, quelle innovation ! Combien de modèles, de sujets d'étude pour les artistes ! Pour le public admis à y entrer d'une façon permanente, quelle source de délicats plaisirs ! Le musée du Louvre était cosmopolite par sa composition ; toutes les contrées de l'Europe y figuraient par leurs écoles et par leurs chefs-d'œuvre. Un autre musée tout national devait s'ouvrir aussi ; il s'installait aux Petits-Augustins, dans l'emplacement qu'occupe aujourd'hui l'École des Beaux-Arts. Sans le peintre Alexandre Lenoir, le musée des monuments français n'eût peut-être pas vu le jour ; assurément il en hâta l'ouverture, qui eut lieu le 15 fructidor an III, et il en perfectionna singulièrement l'organisation. Avec une intelligence historique égale à sa connaissance étendue des arts, il classait les monuments par époques. Il mettait à disposer ces témoins de l'art du moyen âge le même zèle qu'il avait déployé non-seulement pour les soustraire à la destruction, mais pour les préserver contre l'indifférence ou plutôt l'hostilité de plusieurs de ses confrères. Son livre, si curieux à tous égards, *Description historique et chronologique des monuments de sculpture réunis ou musée des monuments fronçais*, est instructif à ce dernier point de vue. Un tel musée d'ailleurs était plus qu'une simple collection de pierres monumentales ; c'était pour ainsi dire le résumé de la vie historique de la nation. Il montrait la France à elle-même, siècle par siècle, depuis les Mérovingiens. Cette histoire était rendue visible par toute sorte d'images parlantes, mausolées, pierres tombales, statues, vases, curiosités d'art et d'archéologie. Ce musée historique et national a disparu. Comment ne pas le regretter ? En rendant à Saint-Denis ce qui lui appartenait, ne pouvait-on laisser réunis autant que possible et surtout compléter peu à peu ces monuments du passé, cette histoire originale de la France racontée par la pierre ? Pourquoi ne reprendrait-on pas cette belle et patriotique pensée ?

La musique eut aussi sa part d'attention et d'encouragements. Cet art musical, qui semble être essentiellement du domaine individuel, comme les jouissances qu'il procure, a son côté général et national tout à la fois : il entre dans l'éducation, il a sa place dans les armées, il se mêle aux fêtes publiques et aux cérémonies religieuses. Aussi les anciens le considéraient à certains égards comme un art d'état, — idée dont il n'est sans doute que trop facile d'abuser. On ne peut cependant aller jusqu'à défendre à l'état de s'occuper de l'art musical. Ne le favorisera-t-il pas dans certains établissements destinés à en maintenir les expressions les plus élevées ? Ne fera-t-il pas un choix pour la part où il l'admet dans l'éducation et dans les grandes solennités auxquelles il préside ? Les plus petits cantons suisses eux-mêmes n'ont pas poussé jusque-là l'abstention. Quant à la révolution, elle pouvait d'autant moins se résigner à ce genre de désintéressement qu'elle avait plus de tendance à s'emparer de tout, pour y mettre du moins son empreinte, sinon sa direction exclusive. La musique fut rattachée au comité d'instruction publique. On voulut en faire un art moral, héroïque, patriotique, fortifiant les cœurs au lieu de les amollir. Jamais nul temps, nul peuple n'avait à ce point compris tout ce qu'il y a de puissance d'ébranlement nerveux dans cet art, qui par la sensation éveille, remue, exalte le sentiment, et par le sentiment entraîne l'homme tout entier, — qui, sans égal pour le bien et pour le mal, porte au comble les passions les plus sublimes et les instincts les plus pervers, transformant l'homme au point de rendre brave un individu timide et sanguinaires des natures douces habituellement.

La révolution a eu ses chansons, ses airs, quelques-uns au début non sans gaîté, sans entrain, et de plus en plus violents et terribles. Elle les a mêlés à ses gloires, à ses excès. On y trouve un curieux mélange de naturel, d'inspiration noble ou triviale, enthousiaste ou sombre, et d'art, même d'artifice. Ces chants tantôt semblent naître tout seuls, s'élancer imprévus, tantôt on s'aperçoit qu'ils sont patiemment élaborés. La révolution eut ses musiciens officiels. Tels furent à divers degrés Méhul, Gossec, Dalayrac, Lesueur, Chérubini. Ils composaient la musique des hymnes dont Chénier, Ducis, Delille, Parny, Lebrun, avaient fait les vers. Plusieurs de ces compositeurs éminents furent chargés d'organiser l'Institut national de musique. Faisant allusion à cette fondation qui devait devenir le Conservatoire, et qui avait pu recevoir pendant la terreur même un commencement d'organisation dont il n'attendait plus que l'achèvement, Chénier, dans un discours sur le réveil des sciences, appelle la musique « le plus démocratique de tous les arts. » Le même écrivain, dans un rapport spécial sur l'organisation définitive qu'il proposait de donner à ce grand établissement (28 juillet 1795), met en relief les côtés moraux de l'art musical ; il en montre l'influence mêlée pendant la révolution à tous les événements intérieurs et surtout à la marche triomphante de nos armées par « ces hymnes brillants que nos braves guerriers chantaient sur les monts de l'Argonne, dans les plaines de Jemmapes et de Fleurus, en forçant les passages des Alpes et des Pyrénées. » L'auteur du *Chant du départ* attribuait à la musique, avec le privilège de célébrer les victoires, l'honneur plus glorieux encore de les enfanter. Ne l'avait-il pas dit déjà dans ces vers où la Victoire *en chantant* ouvre la barrière ? Ce qu'il ne pouvait dire de même, c'est que, pour ces hymnes patriotiques, rien ne remplace le chant inspiré en dehors de toute école et de toute académie, c'est que son *Chant du départ* même, œuvre imposante et forte, paraît peu simple et peu naturel auprès de ce chant martial qui jaillit de l'âme de Rouget de Lisle, de cette *Marseillaise* dont il ne nous est plus possible aujourd'hui de parler qu'avec tristesse ! L'officiel ne se fait-il pas toujours sentir même dans les meilleures œuvres de cet art de commande ? Le *peuple souverain qui s'avance* avec une majesté bien compassée dans l'hymne national de Chénier, cette lugubre invocation aux tyrans, auxquels il est expressément enjoint de *descendre au cercueil*, n'en sont-ils pas comme la marque ? Que d'ailleurs ces chants, ces odes si multipliées dans toutes les solennités, de Chénier et de Lebrun, qui fit aussi son chef-d'œuvre dans sa fameuse ode au *Vengeur*, que ces compositions, auxquelles souvent Méhul et Gossec ont donné leur énergique accent, trouvent un degré de vérité dans la situation tragique du pays, dans le ton où étaient montés les esprits, c'est incontestable. Qu'a de commun avec ces œuvres d'un talent fort malgré ses inégalités, d'une inspiration parfois réelle au milieu de ce qu'elle a de factice, cette poésie forcenée du rhéteur de la chaire du lycée, de La Harpe, qui trouva moyen là encore de se rendre odieux et ridicule par ces hymnes épileptiques qu'il débitait en s'agitant comme un énergumène devant ses auditeurs stupéfaits ?

Le fer, le fer, amis ! il presse le courage :

Le fer, il boit le sang, le sang nourrit la rage,

Et la rage donne la mort !

Heureusement cet hymne féroce n'eut pas les honneurs de la musique comme d'autres de La Harpe. Ce que la révolution fit de plus permanent et de plus durable pour la musique, c'est une fondation véritable, le Conservatoire. Il y a un degré de perfection qu'on n'obtient pas sans les encouragements que permettent seules les libéralités publiques. La tradition est nécessaire à l'art et à l'enseignement de l'art bien plus que pour les travaux qui relèvent de l'utile. De tels établissements, malgré les sacrifices et les divers inconvénients qu'ils entraînent, ne sont-ils pas nécessaires dans nos grands états, dans nos sociétés démocratiques surtout, où le protectorat a cessé de s'exercer par une aristocratie riche et puissante ? La révolution fit pour l'art musical ce qu'elle accomplissait dans toutes les branches. Elle *centralisa*, elle mit l'état à la place des corporations, quand elle n'y mettait pas simplement l'individu. Elle supprima l'école de musique de la garde parisienne, l'école de chant et de déclamation, les écoles de musique attachées aux principales églises. Elle dota le nouvel établissement d'une somme de 240,000 francs, le chargea d'enseigner la musique à six cents élèves des deux sexes, nomma les professeurs, fixa les traitements, et confia la surveillance de l'enseignement à plusieurs des compositeurs célèbres que nous avons cités en leur adjoignant Grétry.

Ainsi, dans cette sphère des beaux-arts, la révolution eut une action réelle. On retrouvé sa pensée empreinte dans la peinture, dans la sculpture, dans la musique du temps. Elle sut en faire des accessoires importants du luxe national. Elle laissa enfin des traces de son passage autrement que par des ruines. La même intervention se manifeste encore sous d'autres formes.

II

Suffit-il de regarder l'entretien de certains établissements comme une branche de luxe national à laquelle l'état républicain ne peut pas plus rester indifférent que le régime monarchique ? N'y joindra-t-il pas aussi les encouragements aux savants, aux écrivains, aux artistes ? La convention accepte et suit à cet égard les anciennes traditions. Elle ne se laissa point arrêter par le malheur des temps, ou plutôt elle en prit texte pour venir en aide aux hommes distingués qui ne pouvaient alors trouver dans l'exercice de leurs talents une ressource suffisante. Nous avons sous les yeux sa liste des bénéfices, comme on disait autrefois ; elle présente en assez grand nombre des noms qui ont mérité de survivre. On s'est plu à la comparer à celle des pensions littéraires sous Louis XIV. M. Despois, dans son livre sur *le Vandalisme révolutionnaire*, n'hésite même pas à donner hautement la préférence à la liste de la convention pour la valeur constante des choix et la proportion des secours avec la réputation, — comparaison quelque peu arbitraire. Et d'abord elle forcerait à pousser plus loin le parallèle sur la dignité, la sécurité, dont les écrivains ont joui aux deux époques. Il nous semble qu'après tout le temps de Louis XIV s'en tirerait encore assez bien. On cite, il est vrai, telle médiocrité bien rentée sous le grand roi, qu'on oppose à tel homme supérieur qui l'était moins libéralement. Peut-être faudrait-il se demander si ceux qu'on représente comme sacrifiés injustement n'avaient pas des ressources personnelles ou d'autres faveurs royales, et puis tel que vous appelez médiocre n'était-il pas alors presque un grand homme, Chapelain par exemple ? Des médiocrités obscures, de prétendus talents dotés pour leurs flatteries (qu'importe qu'elles aient eu le peuple pour objet ?), est-ce que cela ne se vit point sous la convention ? Il nous semble pourtant entrevoir quelques-uns de ces noms parfaitement oubliés, et Dieu nous garde d'aller demander compte de leurs titres au citoyen Brun, auteur du *Triomphe des Deux-Mondes*, au citoyen Croulet, auteur d'un poème sur la liberté, au citoyen Gaudin, auteur d'un écrit contre le célibat des prêtres ! A un certain nombre d'exceptions près, les choix sont des mieux justifiés, les sommes réparties convenablement. La convention n'a fait le plus souvent que ratifier les indications de l'opinion publique. Elle prouvait par là que la république française ne comptait pas s'en tenir à l'idée mise en avant d'encourager le talent pauvre en lui distribuant, disait un rapporteur, « de simples feuilles de chêne » au nom de cette maxime, que, « si les récompenses fondées sur l'argent sont le fait des monarchies, la gloire est la monnaie des républiques. »

Une inspiration bienveillante appelait au bénéfice de ces dispositions des femmes qui portaient un nom célèbre par elles-mêmes ou par leurs aïeux, ce qui n'était peut-être pas très démocratique, mais ce qui est dans la nature humaine. La convention faisait inscrire, parmi les noms auxquels s'attachaient les munificences de l'état, la célèbre actrice Dumesnil, alors octogénaire, qui avait prêté aux chefs-d'œuvre de l'art dramatique une voix à laquelle tout un siècle avait applaudi. Elle y comprenait la petite-fille de Pierre Corneille, qui autrefois avait trouvé à Ferney un asile hospitalier et l'appui le plus secourable. Détenue quatorze mois pendant la terreur, *elle n'avait plus*, disait-elle, *de lit pour reposer sa tête*. La convention fit pour la vieillesse ce que Voltaire avait fait pour la jeunesse de cette nièce de l'auteur de *Cinna*. On songea aussi à étendre cette protection aux étrangers en inscrivant sur cette liste des faveurs nationales Thomas Payne, naturalisé d'ailleurs, bien qu'un décret l'eût exilé de la convention. Le poète dramatique italien Goldoni, octogénaire, fut maintenu dans la pension de 4,000 livres qu'il touchait depuis 1768. La petite-nièce de Fénelon fut réduite aussi à implorer, comme la petite-nièce de Corneille, les secours de la république, qu'elle ne demanda pas non plus en vain. Elle avait vu périr sa famille sous la hache révolutionnaire pour le crime sans doute de porter un nom illustre dans les annales de la religion et des lettres. Son père était tombé victime des scènes qui ensanglantèrent Lyon dans le mois de septembre 92. La convention lui votait un secours que maintenait le conseil des cinq cents. Tous ces faits ne permettent pas de douter que l'idée de récompenser les arts et les lettres, même dans la personne de ceux qui les avaient illustrés sous l'ancien régime, fut loin d'être étrangère à la révolution.

Dans un tel tableau, dont l'impartialité prétend être le principal mérite, nous cherchons à dire le bien et le mal, non pas certes avec indifférence, — il est toujours plus doux de dire le bien quand il s'agit de son pays, — mais avec une entière sincérité. Pourquoi donc ne pas reconnaître avec un sentiment de plaisir et de fierté, au milieu de tant de sujets d'humiliation et de douleur, tout ce qu'il y avait d'heureux ferments de civilisation à côté de la rage des vandales et de la fureur des sectaires ? Tous ces travaux féconds ne se rapportent pas seulement à ce côté élevé et délicat des arts et des lettres qui rentre seul dans l'idée du luxe public. Combien dans la sphère de l'utile ou de la vérité spéculative, de pensées hautes, neuves, d'institutions, appartiennent à cette époque ! C'est par cette magnifique énumération que se termine l'*Histoire de la révolution* de M. Louis Blanc, qui paraît y voir comme le vrai résumé intellectuel et moral de la révolution française. Faut-il aller jusque-là ? faut-il répéter avec M. Louis Blanc : « Non, Saint-Just ne disait pas assez lorsqu'il disait : La révolution est une lampe qui brûle au fond d'un tombeau ; il aurait dû dire : La révolution est un grand phare allumé sur des tombeaux. » Ce que l'historien attribue à la révolution n'est-il point pour la plus grande part le produit naturel du mouvement civilisateur ? Sans la convention, sans la révolution, le travail des1 idées, le développement des faits, ne devaient-ils pas produire nombre de ces pensées et de ces établissements qui ne font après tout que résumer le XVIIIe siècle philosophique et scientifique ?

Et quel choix n'y a-t-il pas à faire dans les décrets de la convention qui se rapportent aux arts utiles et aux arts de luxe ? M. Louis Blanc rappelle ceux qui portent l'empreinte d'une pensée civilisatrice. Ainsi, dit-il, elle décrétait l'ouverture de maisons nationales où tous les enfants seraient nourris, logés et instruits gratuitement. Cette idée de gratuité universelle n'est-elle pas sujette à bien des objections que chacun connaît ? Des écoles primaires devaient être fondées d'un bout à l'autre de la république. Il devait être établi trois degrés progressifs d'instruction embrassant tout ce qu'il importe à l'homme et au citoyen de savoir ; puis viennent et l'école centrale dans chaque département et l'École normale à Paris ; les écoles *spéciales* pour l'étude de l'astronomie, de la géométrie, de la mécanique, des langues orientales, de l'art vétérinaire, de l'économie rurale, des antiquités, et enfin l'École polytechnique. Que dire encore de ces autres mesures qui touchent de plus près au luxe public ? Ce sont celles d'abord que nous avons citées, ce sont encore les récompenses nationales pour les grandes découvertes, les voyages scientifiques payés par l'état, qui se charge aussi de l'entretien des artistes à Rome. Assurément tout cela peut être hautement loué. La convention en outre discutait et notait les articles les plus importants du code civil, elle mettait en mouvement le télégraphe, elle inaugurait le système décimal, elle établissait l'uniformité des poids et mesures, elle fondait le bureau des longitudes, elle instituait le grand-livre, elle agrandissait le Muséum d'histoire naturelle, elle créait le Conservatoire des arts et métiers. On ajoute enfin qu'elle créait l'Institut. Il y aurait lieu de remarquer que ces créations sont de dates fort diverses, que cette période compte plus de proscriptions que d'encouragements pour les lettres ; mais ne voyons que l'ensemble, et rendons hommage à ce qu'il présente d'imposant au milieu de tant de luttes terribles où les partis mettaient leurs têtes comme enjeu.

Ici se pose pourtant une question délicate. La convention eut-elle raison de supprimer les anciennes académies ? Bien qu'on puisse considérer tous ces établissements comme rentrant dans la catégorie du luxe national, nous ne nous occuperons ici que de cette Académie des beaux-arts qui, par les œuvres qu'elle produit ou encourage, contribue au luxe public, et qui dès lors offre avec cette dernière question le lien le plus étroit. Sur le décret général du 8 août 1793, qui abolissait les académies et toutes les autres « sociétés littéraires patentées et dotées par la nation, » nous ne dirons qu'un mot : ce décret, la plupart des écrivains, même favorables à la révolution, l'ont blâmé. Tout en louant la pensée d'une réorganisation au sein d'un corps pins vaste, comme devait être l'Institut, ils se sont élevés contre cette suppression radicale brutalement accomplie qui fermait l'Académie française, qui, bien qu'avec plus de ménagements pour les personnes, frappait l'Académie des Sciences, remplie d'hommes de premier ordre, et cela au moment même où la France réclamait son concours pour les œuvres de la guerre comme pour les travaux de la paix !

Quant à l'Académie de peinture et de sculpture, plus ou moins modifiée sous la forme actuelle de l'Académie des beaux-arts, avec laquelle elle s'est fondue, un maître en critique d'art comme en critique littéraire, M. Vitet, a émis des doutes sur l'opportunité et les effets salutaires de la suppression qui la frappa. Il a fortement motivé ces doutes dans un volume ayant pour titre : *L'Académie royale de peinture et de sculpture*. Cette académie n'est guère mentionnée que pour être blâmée par les écrivains voués à l'admiration presque sans réserve de l'œuvre de la convention. Les arguments de M. Vitet n'en ont pas moins une grande valeur. Au fond, de quoi s'agit-il ? De savoir si les procédés *centralisateurs* employés par la convention, disons plus, si les principes auxquels elle a obéi ont été partout et toujours les meilleurs. L'unité et l'égalité sont de belles choses ; encore n'en faut-il pas abuser. « Ces anciennes associations, dit M. Vitet, bien que fondées sous Louis XIV, avaient une constitution plus libérale qu'on ne pense. Par la manière dont leurs statuts avaient été réglés, par le nombre illimité de leurs membres, par les éléments divers dont elles se composaient, par la multiplicité des degrés introduits dans leur hiérarchie, elles étaient aristocratiques seulement au sommet et presque démocratiques à la base. Elles n'avaient pour adversaires déclarés et irréconciliables que le menu peuple des artistes ; dans les rangs intermédiaires, elles avaient des soutiens, des clients, des appuis naturels ; elles étaient la noblesse des beaux-arts, mais elles en étaient aussi le tiers-état. »

N'y a-t-il là qu'un rapprochement ingénieux ? Le détail de l'organisation, du mécanisme de cette académie ne permet pas de s'arrêter à un tel jugement. Cette constitution hiérarchique, cette différence de degrés franchis tantôt par l'élection, tantôt par l'ancienneté, cette circonstance particulière et importante du nombre limité seulement dans les rangs supérieurs et illimité dans les autres, M. Vitet les décrit avec une exactitude concluante. Il en relève les avantages, qu'il montre en outre par un exemple frappant, en supposant David vivant de nos jours. Figurons-nous donc ce grand peintre systématique, il est vrai, ayant de grands défauts, mais de bien grandes qualités, parti pour Rome, où il fait son temps réglementaire comme élève et comme pensionnaire, et rentrant à Paris trois ans après avec son tableau des *Horaces*. Entrera-t-il à l'Académie, cet artiste que la vogue porte aux nues ? Rien n'est moins certain. L'Académie peut être au complet, et, pendant dix ans, il peut se faire qu'elle y reste. Aujourd'hui, parmi les quatorze membres de la section de peinture, nous doutons qu'il s'en trouve un seul qui soit d'humeur à quitter ce monde pour faire place à David, même en supposant qu'il compte encore parmi eux quelque admirateur enthousiaste. En 1780 au contraire, la porte était ouverte, il n'y avait qu'à entrer. « Eût-il été cent fois plus novateur, dit M. Vitet, du moment qu'il avait fait ses preuves, les plus vieux, les plus encroûtés professeurs, les plus ennemis de son style, n'auraient jamais osé lui refuser un titre aussi modeste que celui d'*agréé*. Avec un talent notoire, il était, pour ainsi dire, élu de droit, et, une fois *agréé*, il faisait partie du corps, sa carrière était faite. Trois ans plus tard, en 1783, toujours sans contestation possible, il devenait académicien ; que lui manquait-il ? Les dignités académiques. Il avait au-dessus de lui les trente chefs de la compagnie, les membres à titre d'office, les *officiers*, comme on disait alors ; il n'était ni *ancien*, ni *professeur*, ni *adjoint à recteur*, ni *recteur* à plus forte raison ; mais la patience lui était facile, il était académicien. Il jouissait des privilèges attachés à ce titre, il en avait le brevet… Tout en gardant son franc-parler sur les routines académiques, il respectait l'institution. Sûr de la gouverner un jour, il ne songeait pas à la détruire… »

Nous n'avons cité ce passage que parce qu'il appelle bien des réflexions. Il est si facile de crier à l'aristocratie, de citer telle ou telle anecdote qui prouve plus ou moins qu'il y avait des faveurs, des exclusions quelquefois peu justifiées ! Est-ce donc que nous ne reconnaissons pas ce qu'il y eut de tyrannique dans le gouvernement de cette académie sous Louis XIV ? Est-ce que nous contestons par exemple les différences profondes qui existent entre l'académie de 1648 et celle de 1664, tout à l'avantage de la première, avant les transformations que lui firent subir Le Brun et Colbert ? Nous inclinerions seulement à croire que le principe hiérarchique dans cette organisation représentative des beaux-arts avait du bon. C'est la cause qu'avait plaidée dès 1791, vainement bien entendu, un homme éminent, qui n'était pas académicien, M. Quatremère de Quincy. Dans ses *Considérations sur les arts du dessin en France*, suivies d'un plan d'académie ou d'école publique et d'un système d'encouragement, il prend en main la défense du principe hiérarchique, et qu'on remarque bien que ce n'est pas un partisan des routines et des abus ; il les signale, il les combat énergiquement. Il s'élève vivement par exemple contre la confusion de l'académie et de l'école, qui constitue les mêmes hommes professeurs et juges de leurs élèves ; mais M. Quatremère de Quincy tient à ce que les rangs soient conservés, les ambitions graduées, les espérances échelonnées, la voie ouverte pour récompenser les mérites les plus divers et les plus inégaux, — idée qu'exprime d'une manière très heureuse M. Vitet en disant à propos de l'ancienne académie et de la nouvelle, considérées dans leurs relations avec la masse des artistes : « C'était une armée qu'un corps académique ainsi divisé par grades plus ou moins galonnés ; l'académie actuelle au contraire est un état-major portant seul l'uniforme, pendant que le corps d'année est en habit bourgeois. » De telles observations ont une portée difficile à méconnaître. En ce qui touche la question du luxe public et des beaux-arts à l'époque révolutionnaire, elles démontrent que c'est à tort qu'on trouve tout ou presque tout mauvais dans le passé, tout ou presque tout bon dans l'œuvre conventionnelle.

La pensée de l'Institut fut conçue par la convention, il est vrai quoiqu'elle ne dût être réalisée que par le directoire en 1796. On sait que ce fut Daunou qui inaugura ce nouveau corps dans une mémorable séance le 3 avril. Lacépède, Fourcroy, Cuvier, Cabanis, Andrieux, Collin-d'Harleville, Lebrun, Fontanes, y prirent tour à tour la parole comme représentants des sciences et des lettres. L'idée générale de cet établissement avait sa vérité comme sa grandeur : elle maintenait, avec la division des facultés de l'esprit humain, son unité trop souvent méconnue ; elle rétablissait les relations trop négligées de ces facultés entre elles. C'était une réparation réelle à l'injurieux décret qui avait frappé les académies ; mais, de grâce, qu'on ne nous présente pas sans cesse la condition faite aux écrivains et aux savants pendant le règne de la convention comme si ce temps eût été pour eux, relativement à l'ancien régime, un véritable paradis ! André Chénier, Lavoisier, Condorcet, Bailly, quels noms et quelles destinées ! Quelles institutions répareraient ces pertes que rien ne compense, ces immolations que rien n'excuse ? En s'abandonnant à des abstractions impitoyables, on semble trop croire qu'un homme de moins n'ôtera rien à la chaîne des œuvres dont s'honore l'humanité, que ce qu'un individu n'a pas accompli faute de temps, un autre plus favorisé le fera, comme si, Milton et Corneille disparaissant, un autre par hasard se fût chargé d'écrire *le Paradis perdu* ou *Polyeucte* ! On ne sait pas assez, — et quand le saura-t-on, si on ne l'a pas appris après tant d'expériences sanglantes ? — qu'il y a deux choses dont rien ne répare la perte, la vertu que la mort frappe en emportant les œuvres qu'elle eût produites, le génie éteint dans son germe, qui ne doit plus fructifier. Cette pensée n'est que trop faite pour modérer l'enthousiasme, quand on parle de ce que la convention a fait pour les lettrés et les savants.

Aux musées, au Conservatoire de musique, aux encouragements donnés aux arts, il faut joindre les théâtres. Alors même qu'ils ne dépendent pas de l'état par les subventions, les théâtres s'y rattachent par d'autres faveurs, ils s'y rattachent d'une façon inévitable par la surveillance que l'autorité publique y exerce, surveillance plus attentive et plus vigilante que dans toutes les autres branches des arts. Le théâtre en effet, comment l'oublier ? est à la fois action et parole, représentation vivante pour les yeux et tribune tout ensemble. Il s'adresse aux hommes assemblés, c'est-à-dire se communiquant leurs impressions avec une rapidité, une vivacité contagieuses. La puissance exercée par le théâtre sur la multitude est-elle d'ailleurs contestable ? Comment vouloir que l'état y reste tout à fait étranger ? Pouvons-nous demander que la scène soit déclarée absolument libre, irresponsable ? L'impunité a-t-elle jamais été admise par aucun moraliste, par aucun législateur, par aucun homme de sens pour certains actes qui, dans un endroit public, outragent visiblement la morale ou provoquent le désordre ? Mais ici les difficultés commencent. Combien la limite ne sera-t-elle pas délicate à fixer, et combien, outre ce rôle de simple police, l'état sera tenté d'en jouer un autre ! Résistera-t-il au désir d'employer à ses fins cet instrument si puissant ? Tentation d'autant plus forte que le théâtre laissé à lui-même n'offre pas seulement ces peintures morales, salutaires ou corruptrices, qui semblent motiver l'intervention de l'autorité publique. Quoi qu'on fasse, il revêt un caractère politique ; il le revêt par l'allusion, par la satire, par la prédication, par la mise en scène, par le choix même des sujets. Resterait-il beaucoup du théâtre d'Aristophane, si on en ôtait la politique ? Dans un genre tout opposé, que seraient *les Perses* d'Eschyle, ce magnifique chant de guerre, sans le sentiment national qui les commente et les applaudit ?

La révolution ne s'était, dans sa première pensée, essentiellement

II. LES FONDATIONS ET LES ESSAIS DE RÉFORME

libérale, occupée du théâtre que pour l'affranchir. Elle avait vu dans les entreprises théâtrales des spéculations particulières qui devaient profiter de l'émancipation générale de l'industrie. Le rapport de Chapelier et le décret de l'assemblée à la date du 13 janvier 1791 n'ont point une autre signification. Tout citoyen devenait libre d'ouvrir un théâtre ; d'ailleurs point de censure, point d'autorisation préalable. La révolution, dans sa seconde phase, ne devait point se renfermer dans ce rôle négatif. Elle voulut faire du théâtre comme des autres parties du luxe public une branche de l'enseignement national. Elle le soumit au comité de l'instruction publique. Elle eut l'œil particulièrement sur cette scène française, si goûtée de tous les esprits d'élite, si suivie alors, toute frémissante encore des succès enthousiastes que le XVIIIe siècle avait faits aux tragédies de Voltaire. Cette double scène du Théâtre-Français, telle qu'elle existait alors, ne pouvait être, ce semble, pour la tribune de la convention qu'une auxiliaire ou une rivale. D'abord on se préoccupa du côté moral du théâtre à développer. Les administrateurs du Théâtre-Français entrèrent dans cette pensée. Peu de jours avant de monter sur l'échafaud, Payan faisait appel aux écrivains de talent en invoquant ce qu'il nommait « la force morale des spectacles. » Dans ces termes, à côté de l'avantage de l'inspiration élevée et salutaire, on rencontrait un écueil, écueil tout littéraire, l'ennui qui naît de la fadeur ou de la déclamation. Sous le rapport politique, le péril était autrement grand. L'action de l'autorité, en se faisant trop sentir, devenait une menace pour les pièces, pour les acteurs, pour les auteurs. Cette menace ne se réalisa que trop, comme on le sait. Ce ne fut pas assez de proscrire certaines pièces de l'ancien répertoire comme aristocratiques et royalistes ; ce ne fut pas assez d'altérer certains vers. La censure terroriste n'était que ridicule, quand à ces vers, malsonnants sous le rapport politique, de la tragédie de *Brutus* :

Arrêter un Romain sur de simples soupçons,

C'est agir en tyrans, nous qui les punissons,

elle substituait ceux-ci, comme plus conformes aux procédés préventifs en usage :

Arrêter un Romain sur un simple soupçon,

Ne peut être permis qu'en révolution.

Oui, cela n'était que ridicule ; mais ce qui déjà devenait tyrannique, c'était d'imposer au patient public trois fois par semaine la *Mort de César*, ce même *Brutus*, et, ce qui était moins tolérable, le *Charles IX*, le *Caius Gracchus* de Marie-Joseph Chénier. Écouter par ordre ces longues tirades après avoir entendu l'air obligatoire de *Ça ira*, en quoi un pareil supplice infligé aux honnêtes gens pouvait-il profiler à la patrie, à la liberté, qu'on avait le front d'invoquer, à l'art enfin ? Ce qui était tyrannique encore, c'était d'interdire la représentation du *Timoléon* du même Chénier et de *l'Ami des lois* de Laya, cette pièce proscrite, disons-le d'ailleurs, non par la convention, mais par la commune, qui fit en outre poursuivre l'auteur, que Danton contribua à soustraire à la mort. Ce qui était tyrannique enfin et odieux, c'était d'envoyer à l'échafaud comme aristocrates des acteurs du Théâtre-Français ! Sans analyser, œuvre impossible, il suffit de rappeler seulement quelques pièces de ce répertoire. Les unes étaient d'une fadeur mortelle, comme les moralités sentimentales que faisait jouer Collot-d'Herbois ; d'autres d'une insigne folie, comme *le Jugement des rois*, où Sylvain Maréchal jetait dans un burlesque pêle-mêle tous les rois, la tsarine, le pape, les faisait déporter dans l'île des *Sans-culottes*, où ils se battaient avec leurs chaînes et étaient nourris de biscuits par la charité publique jusqu'à ce qu'un volcan les engloutît sous sa lave ; d'autres enfin toutes de circonstance, et tombant au-dessous de l'art et de la grammaire aussi bien qu'en dehors du sens commun, comme *le Général Dumouriez à Bruxelles*, de cette pauvre pythonisse enthousiaste Olympe de Gouges. Elle dictait une pièce en quatre heures, en avait composé on ne sait quel nombre, et, ne doutant de rien ni d'elle-même, écrivait : « On ne m'a rien appris, je ne connais pas les principes du français, je dicte avec mon âme ; le cachet du génie est dans toutes mes productions. » La révolution, à l'égard des théâtres, avait commencé par la liberté illimitée ; elle avait continué par l'oppression, elle finit par le régime restrictif et réglementaire. La loi du 21 août 1790 n'était qu'une loi de police préventive ; elle confiait la police des théâtres et spectacles à l'autorité municipale dans les villes qui n'atteignaient pas un certain nombre d'habitants. Sous le régime de la concurrence, les théâtres s'étaient fort multipliés. On n'en comptait pas moins de quarante à Paris pendant les années les plus terribles de la révolution. Si la politique était impitoyable,

II. LES FONDATIONS ET LES ESSAIS DE RÉFORME

la police morale laissait fort à désirer. Les scandales devaient aller en croissant pendant la réaction thermidorienne, ensuite sous le directoire. Chénier sert d'organe à la réaction qui se fait dans les esprits. Sa motion d'ordre au conseil des cinq cents (16 novembre 1797) est en ce sens très caractéristique. Il s'élève contre la a multiplicité indéfinie qui anéantit à la fois l'art dramatique, la véritable concurrence, les mœurs sociales et la surveillance légitime du gouvernement. « Il demande s'il n'est pas opportun de revenir à l'avis que Thouret avait émis le premier, et qui appliquerait sur cet objet aux différentes communes la base proportionnelle de population. De cette manière, il ne pourrait exister qu'un seul théâtre dans les communes au-dessous de 100,000 âmes. Il pourrait en exister deux dans chacune des principales communes de la république, Lyon, Bordeaux et Marseille. « Paris, ajoutait l'orateur, commune centrale des arts et sortant des proportions ordinaires, exigerait un article particulier. Il contiendrait le beau théâtre de l'Opéra, qui est unique par tous les arts qu'il rassemble, deux autres théâtres de musique en concurrence, et deux grands théâtres de déclamation, sollicités si fortement depuis trente ans par tous les littérateurs français et tous les amis de l'art dramatique. On laisserait encore établir dans Paris deux ou trois théâtres secondaires, parmi lesquels se présenterait en première ligne le théâtre du Vaudeville, réclamé par la gaîté française. » Ainsi on penchait vers un système ultra-restrictif qui fixait le nombre et les genres. On sait comment ces idées furent appliquées, non sans excès, par le premier empire dans l'organisation que reçurent les théâtres en 1807. Cette organisation demeura presque intacte jusqu'au décret du 6 janvier 1867, qui, tout en maintenant des théâtres subventionnés, établit dans une large mesure la concurrence et la liberté en matière d'entreprises et d'exploitations théâtrales. Mais achevons d'étudier l'expérience révolutionnaire en fait de luxe public : elle se présente sous une dernière forme, la plus frappante, la plus célèbre, la forme qu'elle revêt avec les fêtes patriotiques et religieuses.

III

Les fêtes nationales forment la pièce principale du luxe public révolutionnaire. Nous n'aurons garde d'en reproduire les détails, consignés dans les descriptions pleines de vie qu'ont données de ces fêtes d'illustres et populaires historiens. Nous cherchons des enseignements. La révolution française reste comme une école toujours ouverte, où longtemps encore la pensée trouvera profit à demander des sujets d'étude et de réflexion. Cette question du luxe public, qui tient à tant de choses, aux mœurs, à la patrie, à l'art, n'en est-elle pas elle-même une preuve saisissante ? Et comment n'y voir qu'un intérêt rétrospectif ? Le degré et le mode de l'intervention de l'état dans ce genre de manifestations de l'action publique, l'influence qu'exerce le luxe national, soit sous le plus noble aspect, les beaux-arts, soit sous d'autres formes, ces questions n'ont point perdu de leur importance ; elles semblent au contraire en acquérir davantage à mesure que la civilisation étend à un plus grand nombre ce genre de jouissances, et que l'état se trouve mis en demeure de conformer son action aux changements produits dans la société.

On s'est attaché ici moins à décrire minutieusement les différentes parties du luxe public pendant la période révolutionnaire qu'à mettre en lumière à cet égard les principes, les plans de la révolution. En appliquant la même méthode aux fêtes nationales, on a pour base d'appréciation d'une part ces fêtes elles-mêmes avec leurs caractères, avec les circonstances qui expliquent pourquoi elles ont réussi ou échoué, — de l'autre des documents nombreux, concluants, qui montrent ce que la révolution s'est proposé en mettant en jeu ces moyens d'action, qu'elle n'entendait livrer en rien au hasard, à la fantaisie. Là même est l'excès systématique. C'est le penchant en tout de la génération révolutionnaire de s'exagérer le degré d'action des gouvernements pour le mal et pour le bien. Fidèle à la pensée qui lui fait voir partout un complot, un jeu joué par les prêtres et par les rois, elle ne doute pas que les cérémonies et les solennités que mettaient en œuvre la monarchie et la religion ne fussent un de ces moyens combinés pour dominer les peuples séduits par les sens, subjugués par l'imagination. Il semble qu'en cette matière, comme en toute autre touchant à la réforme de la société, la révolution ait tenu ce langage : « Les anciens gouvernements, obéissant à des intérêts égoïstes, à des calculs criminels, ont créé des sociétés corrompues, malheureuses. Eh bien ! usant du même pouvoir qu'ils ont tourné au mal des peuples, je le ferai servir à leur bien : je *créerai* une société nouvelle, vertueuse, heureuse. Tout le

II. LES FONDATIONS ET LES ESSAIS DE RÉFORME

52

système d'instruction publique y tendra. Les fêtes, les solennités nationales, rattachées à ce vaste système, seront la route facile et brillante par laquelle les générations à venir seront conduites vers la vertu et le bonheur, but de toute civilisation, terme final auquel la révolution française doit aboutir. »

Voilà la théorie des fêtes publiques à son état, pour ainsi dire, d'innocence et de rêve. Et d'abord rien dans les faits ne motivait-il l'idée d'introduire là aussi des modifications, des changements ? Les fêtes célébrées à propos d'une naissance, d'un avènement, d'un mariage, d'une entrée royale, un peu trop banales et frivoles, n'étaient pas suffisamment en rapport avec les mœurs que rêvait de se donner une société qui voulait l'avancement de la masse, et qui avait pour inspiration l'idée de la nation substituée à l'idée monarchique. On peut objecter que dans un autre pays libre, en Angleterre, vainement les idées et les institutions se renouvellent ; on laisse subsister les vieilles fêtes, les vieilles cérémonies, les vieilles coutumes, sans se soucier ni des contradictions ni des contrastes, sans avoir l'idée d'investir l'état du rôle d'instituteur de morale à l'aide des solennités publiques. Rien de plus vrai, mais nous savons aussi que telle ne fut en rien, à tort ou à raison, la méthode suivie par la révolution française. Elle procédait logiquement, un peu à la façon d'un livre : on voulait un lien entre toutes les parties, et les chapitres devaient, ce semble, se faire suite les uns aux autres.

Il est curieux de voir les esprits les plus grands, les plus fermes, comme Mirabeau, les plus pénétrants, les moins aisés à duper, comme Talleyrand, tracer des programmes qui attestent quelle idée démesurée ils se font de l'influence des fêtes publiques. La convention devait aller encore plus loin. Malgré les expériences déjà faites, qui laissaient fort à désirer, M. J. Chénier, dont le nom reparaît dans toutes ces questions, trace de ce que doivent, de ce que vont être ces fêtes une peinture idéale (séance du 15 brumaire an II). Il les voit avec la foi ; il les salue à l'avance, ces fêtes radieuses. Sommes-nous en France ? sommes-nous en Grèce ? Il n'importe selon Chénier. Le climat disparaît devant l'homme. Que parle-t-on d'un autre ciel, d'un autre air, d'une autre race, d'une autre civilisation ? Il y a les institutions, il y a la liberté, âme, centre glorieux de ces fêtes, auquel tous les arts viendront former un magnifique cortège. A cette liberté, qui a bien un peu l'air théâtral, l'architecture élève un temple, la peinture et la sculpture retracent son image, la poésie chante ses louanges, la musique lui soumet les cœurs, la danse elle-même égaie ses triomphes. Beau rêve, de plus en plus obscurci, souillé, depuis les débuts de la révolution !

Ce que ces débuts eurent d'heureux, de brillant, il serait injuste de l'oublier. Joie, cordialité, enthousiasme, véritable assaisonnement de ces fêtes, autrement mornes et glacées ! On en eut comme un avant-goût. — Le souffle généreux et vivifiant de 1789 passait sur la première fête de la fédération du 14 juillet. Pourquoi y aurait-on senti l'effort, la contrainte ? La confiance était dans les cœurs. On ne craignait pas de marier aux emblèmes nouveaux les emblèmes antiques de la monarchie. Les pompes de la religion, qui n'avaient jamais paru avec plus de splendeur, semblaient sanctifier et célébrer les conquêtes de l'esprit humain et les victoires de la liberté ; on ne tenait pas compte de quelques nuages. Pourquoi ne se dissiperaient-ils pas comme ces nuages du ciel qu'un beau soleil avait dissipés vers le milieu de cette journée, qui se terminait radieuse ? Dans la seconde fête de la fédération, on ne retrouvera plus ce naturel, cette sérénité. Les signes qui rappellent les rancunes, les divisions, s'y rencontrent fréquemment. Un arbre de la féodalité, couvert d'insignes dérisoires, en fait un des ornements principaux. Le roi refuse d'y mettre le feu. Dans cette fête brillante encore, combien d'emblèmes alarmants, de pronostics menaçants, de présages de latte et de mort !

Ce qu'il y a de factice, de violent, de forcé dans les fêtes politiques de la convention, il n'est pas nécessaire de le rappeler. Où est-il, cet enseignement moral tant exalté ? Sans doute l'intention s'y trouve de temps à autre : elle est dans ces cortèges d'enfants, quelquefois des enfants abandonnés, dans ces couronnes de vieillards qu'on veut honorer publiquement ; mais cela même ne manque-t-il pas trop de la condition que rien ne remplace, la naïveté ? Certes, toutes les fois que la passion politique n'est pas seule en jeu, ce qui est bien rare, on fait une place à la pitié, à l'humanité : certains détails en portent un touchant témoignage ; mais en général ces fêtes ne respirent que les passions de l'heure présente. Telles réveillent les idées les plus sombres, quelquefois des impressions d'une violence féroce. Quelle fête par exemple que celle du 27 août 92, consacrée aux morts du 10 août ! Non, jamais sous la forme d'une fête il ne se cacha plus d'appel à la haine. Nul attendrissement, nulle pitié ! Ces morts du 10 août, on ne les pleure pas, on veut les venger. Tout est noir et sanglant. Sergent est l'ordonnateur de la fête ; il y a mis une inspiration pleine de terreur. Ce ne sont que prodigieux entassements de sarcophages énormes tendus de noir. Ces veuves et ces orphelins vêtus d'une robe blanche avec une ceinture noire, ces bannières, ces inscriptions lugubres, provocatrices, qui vingt fois répètent le mot *massacre*, énumérant tous les massacres des patriotes imputés aux royalistes, — ces statues colossales de la *Liberté*, de la *Loi*, farouches, armées de glaives, qu'entourent les tribunaux, le tribunal du 17 août et la commune, — ces chants funèbres, ces flots d'encens, cette musique aux accents tristes, déchirants, à quoi tend toute cette mise en scène, sinon à verser dans les cœurs une furieuse ivresse ? Elle ne fut point froide, ne manqua point son effet, cette fête rendue vivante par les terribles passions qui l'animaient, placée entre le 10 août, qui en est l'occasion, et les massacres de septembre, qui achèvent de lui donner toute sa signification. « Jamais fête ne fut plus propre à remplir les âmes de deuil et de vengeance, d'une douleur meurtrière.[1] »

Quelles réjouissances pouvait-on mêler à des fêtes publiques célébrées au milieu de l'angoisse des âmes, sous le coup de la pensée de la guerre avec l'étranger, des luttes à mort des partis ? Les dates mêmes qu'elles commémorent sont souvent sanglantes, ne rappelant que les souvenirs qui ont laissé la plaie la plus envenimée, le 21 janvier, le 31 mai ! Sans doute il y eut aussi des fêtes consacrées aux victoires de la république. On y trouve des parties brillantes, des éclairs de grandeur ; mais la chose à laquelle on pense le moins, et à laquelle on réussit le moins quand on y pense, c'est le plaisir, la joie populaire, comme s'il y avait sans cela des fêtes ! On s'en souvient pourtant de temps à autre. On y met la contrainte, l'effort tourmenté qui est partout. Il semble qu'on décrète la joie, qu'on prenne à tâche d'organiser laborieusement la gaîté publique. Tout, dans d'étranges programmes, paraît enjoint et noté d'avance. A une cérémonie funéraire en l'honneur de Marat, tandis que son buste, étalé partout, et son cœur même étaient présentés à l'idolâtrie populaire, on fit des libations à ce qu'il plut aux ordonnateurs de la fête d'appeler ses mânes. Rien de plus mécanique que l'ordre de

---

1 Michelet, *Histoire de la Révolution*, t. IV.

cette cérémonie. Tout y procède avec la régularité d'une manœuvre. Après que chaque partie du programme est accomplie, il est prescrit dans le style étrange de l'époque de *vider les urnes*, ce qui veut dire de vider les verres, opération qui se reproduit d'ailleurs de la manière la plus fréquente. A un moment, les assistants sont prévenus de ne plus mettre aucunes bornes à leur douleur. Dans une autre fête, il est indiqué qu'à un moment marqué toutes les mères devront regarder leurs enfants avec des yeux attendris. « Le peuple ne pourra plus contenir son enthousiasme ; il poussera des cris d'allégresse qui rappelleront le bruit des vagues d'une mer agitée que les vents sonores du midi soulèvent et prolongent en échos dans les vallons et les forêts lointaines. » Le plan de Merlin de Thionville, lu le 30 septembre 1794, en vue d'une fête prochaine, et qu'on trouve tout au long dans *le Moniteur*, peut servir de type à ce genre de fêtes soumises à une minutieuse discipline ; . Merlin de Thionville veut que le peuple tout entier chante à la fois, à un certain moment, le peuple s'écriera lui-même : « Vive le peuple ! » On célébrera les récentes victoires, et d'un orchestre à l'autre on se répondra ces mots : « répétez-nous encore ces heureuses nouvelles. » L'auteur ajoute que le peuple, retenu par le charme, dînera sur l'herbe, se mettra à danser. « La nuit, ajoute le rapporteur, surprendra le peuple dans l'ivresse de la joie et du bonheur ; quelques milliers de fusées volantes, nobles et vives images de l'élan républicain à l'escalade de la tyrannie, s'élèveront dans les airs, qu'elles embraseront, et, en y attirant tous les regards, elles feront cesser les jeux et les amusements de la jeunesse, sans laisser apercevoir qu'elles les interrompent ; des illuminations traceront aux citoyens le chemin de leurs foyers, et ce sera en chantant quelque refrain chéri qu'ils y retourneront. » L'assemblée applaudit ce travail, en ordonna l'impression, — approbation qui achève de donner à ce rapport toute sa portée.

Les fêtes révolutionnaires devaient avoir leur face religieuse. On voulait remplacer le catholicisme ou lui faire du moins concurrence. Or point de religion sans culte, et quel culte sans un certain luxe de cérémonies et d'appareil ? Le protestantisme, il est vrai, avait en partie rejeté ce luxe. Il avait ôté aux temples leurs tableaux ; il s'était privé, pour ne laisser place qu'à la parole et au chant, aux sons de l'orgue, de tous ces moyens de parler aux yeux.

Il avait renoncé à ces pompes pleines d'éclat, si souvent touchantes, que Diderot décrit et défend dans une page brillante et émue, où il avoue l'effet qu'elles produisaient sur lui. La révolution parut plutôt incliner vers l'idée d'une certaine magnificence dans ses essais de culte, quoique l'on trouve aussi dans d'autres tentatives, comme la théophilanthropie, l'absence presque complète de toutes ces pompes extérieures. Le premier grand essai de culte tenté par la commune de Paris admet les cérémonies, les fêtes. Qu'il y eût d'ailleurs dans ce fameux culte de la *Raison* les éléments d'une religion, il serait absurde de le prétendre. La révolution s'imagina qu'on pouvait créer des religions sans avoir le sentiment religieux. Une religion sans ciel, sans amour, sans mystère, qu'est-ce, sinon le plus insoutenable des paradoxes ? Une religion sans une communication perpétuelle et comme une conversation familière avec l'être réel, vivant, le seul Dieu que le genre humain puisse vénérer, adorer, auquel il puisse soumettre ses pensées et ses actes, n'est-elle pas condamnée à perdre même son nom ? Charger des condillaciens, des voltairiens sceptiques, tout au plus déistes, ou des athées, de s'entendre sur les moyens de donner une religion, un culte aux populations, ce fut assurément une idée étrange. Donner à ce culte pour objet la *raison* en fut une plus singulière encore, quand on songe surtout à la seule signification que le mot de raison pouvait avoir dans la pensée et dans la langue de l'époque. Ce mot de raison en effet, il offre deux sens à l'esprit. On peut entendre par là la raison spiritualiste, intuitive, au sens de Platon, de Malebranche ; c'est d'elle que Fénelon disait : « Raison, n'es-tu pas le dieu que je cherche ? » On peut entendre encore la raison qui doute, examine, s'efforce d'arriver au vrai par l'analyse, et qui constitue la faculté *critique* par excellence. Est-il donc possible de s'y méprendre ? La raison, pour les disciples des encyclopédistes, c'était ce raisonnement qui, soumettant tout au contrôle, plus d'une fois détruit, fait table rase. Or que penser de l'idée qui accorde à la faculté critique les honneurs d'un culte tout rempli de symboles, qui fait du raisonnement une divinité, qui niet l'analyse philosophique sûr l'autel ? L'étonnement redouble quand on apprend sous quels traits cette raison, devenue *déesse*, est appelée à y figurer. Ce singulier culte n'en eut pas moins les honneurs de Notre-Dame. La vieille cathédrale n'avait jamais brillé de plus de feux, déployé des pompes plus éclatantes, une plus grande richesse d'emblèmes : cérémonies païennes, musique profane, danses bizarres, tout ce qu'on peut supposer de moins religieux au sens mystique, mais effort pour garder au culte le caractère de luxe public, qui en est un des moyens et un des attraits.

Au reste, ce culte fut célébré, non-seulement à Paris, dans plusieurs églises, mais dans presque toute la France. Parfois, au milieu des flots d'encens et de l'éclat des lumières, ce n'est rien que le plus grossier naturalisme, la matière qui s'adore, le culte de la Vénus impudique. Dans quelques villes, dans quelques temples, une honnête femme, une innocente jeune fille est installée sur l'autel. Ce n'est plus le cynisme du vice, c'est souvent encore une débauche d'impiété. La raison philosophique, opprimée sous la chair dans le culte d'une belle déesse, reparaît ici, mais sous ses formes inférieures, agressives, toutes négatives et ironiques. Le catholicisme est bafoué ; on outrage ses mystères, on profane ses vases sacrés, on promène dérisoirement ses emblèmes ; un âne est habillé en prélat et porte l'encensoir et tous les insignes du culte. Pourtant, mais ce fut l'exception, ce culte prit çà et là un caractère plus régulier et plus décent. La raison, ce qui peut paraître étrange ici, semble redevenir presque raisonnable : elle se dépouille de la livrée de la folie ; elle enseigne, elle prêche la morale, une honnête morale. On appelle cet enseignement du nom de religieux : il ne l'est ni plus ni moins que le catéchisme de Saint-Lambert, dont il reproduit les doctrines. On y prêche le civisme, le respect de l'âge et. des parents, les vertus sociales enfin ; il y a peu de cérémonies, c'est pour ainsi dire un simple sermon.

Voilà l'essai de ce culte, au fond tout matérialiste, et qui le plus souvent aussi l'est brutalement dans la forme. La commune de Paris en a tout l'honneur devant l'histoire. La convention aussi met la main dans le culte, dans les fêtes religieuses. Elle cherche pour cela un organe ; elle en trouve un dans le disciple de Rousseau, chef de secte presque autant que chef de parti, dans Robespierre, en pleine réaction alors contre l'hébertisme. En ce qui touche la question des fêtes publiques, nul document n'égale le rapport de Robespierre au nom du comité de salut public sur les relations des idées religieuses et morales avec les principes républicains (18 floréal an II). C'est en quelque sorte un résumé de la philosophie et de la politique des fêtes nationales. Y voir absolument la pensée de la convention, ne serait-ce pas aller trop loin ? Le rapport exprimait-il autre chose que les convictions ou les opinions de son auteur et du groupe qui reconnaissait en lui l'expression exacte de sa pensée ? Combien, dans la montagne, d'hommes qui n'admettaient pas ce spiritualisme à couleur religieuse ! Un de ses membres allait jusqu'à dire, servant d'écho à plus d'un de ses collègues : « Ce Robespierre a gâté tout avec son Etre suprême ! »

Ce rapport sur les fêtes nationales n'en est pas moins des plus dignes d'attention, indépendamment même de ce qui en fait la signification la plus sérieuse, cet appel d'une société livrée à l'anarchie politique et morale, qui sent le besoin d'en sortir, et qui cherche avec anxiété une base religieuse pour ses institutions renouvelées. Robespierre veut non-seulement une religion, il veut un culte, et il en développe les raisons. Il faut une religion parce qu'il n'y a pas d'autorité de l'homme contre l'homme. L'absence de toute sanction, de toute crainte, de toute espérance au-delà de la vie le livre à ses passions ou à ses semblables. Il faut un culte parce que, sans un exercice régulier et en commun du sentiment religieux, ce sentiment perd sa force. Ce culte ne se passera pas de fêtes, et même se mêlera plus ou moins aux fêtes nationales. Ce qui fait l'essence de ce curieux travail, où se montre clairement la pensée de l'homme, du dictateur qui songe peut-être à gouverner la France à l'ombre d'institutions régulières, c'est, même en matière de fêtes, l'intime mélange de l'élément civil et de l'élément religieux. Nulle fête désormais à laquelle l'idée religieuse ne doive s'associer en quelque mesure. Telle est la vraie portée de ce document. Ce n'est pas seulement la nécessité de fêtes religieuses qui s'y trouve proclamée ; à des degrés divers, le culte, du moins tel emblème, tel chant, tel accessoire, rappellera cette idée divine qui aura dans une religion civile son expression régulière et son organisation. Les mêmes pensées trouvaient dans Boissy d'Anglas un organe convaincu et non moins systématique. Son *Essai sur les fêtes nationales* n'en est que le développement, avec quelques scènes apprêtées qui font ressembler certaines parties de ce livre à une idylle de Florian en pleine terreur.

Le spiritualisme de l'*Emile*, la religion civile de Robespierre, pouvaient-ils donner lieu à des fêtes qui eussent plus de chance de réussir que le culte naturaliste de la Raison ? Suffit-il de ce mot d'*Etre suprême* pour créer des cérémonies, des symboles ? Est-on si sûr qu'une religion puisse se passer et de surnaturel et de légendes ? Ce Dieu, si l'on y voit l'éternel géomètre, n'est-il pas par trop abstrait ? S'il se confond avec le monde, reste-t-il le Dieu-Personne, le Dieu-Père, le Dieu-Justice, le Dieu-Providence ? Trop loin et trop haut dans un cas, trop près et trop au-dessous de nous dans l'autre ! Demandez à la nature plus ou moins divinisée des émotions, ne lui demandez pas des devoirs et des vertus, ne lui demandez pas l'idéal qu'elle ne saurait contenir. Certes l'intention de la fameuse fête de l'Être suprême était de chercher au-dessus de l'homme l'objet à donner à sa contemplation, à ses espérances. Par là elle se distingue heureusement du triste culte de la Raison ; mais cette intention, la réalise-t-elle et pouvait-elle la réaliser ? Comment s'étonner qu'elle ait été froide, vide du Dieu qu'elle célébrait ? En vain un beau soleil de printemps l'éclairait, en vain on avait pris soin d'y répandre les fleurs, les mères, les enfants, les chœurs de musique, les chants d'un noble caractère ; on n'avait pas même réalisé la pensée de Rousseau : il y manquait son émotion et sa flamme. — C'étaient de pauvres symboles que ces images de vices, l'orgueil, l'hypocrisie, l'envie, la fausse simplicité, l'ambition, — auxquelles ou put bien mettre le feu sans que ces vices perdissent ce jour-là même rien de leur empire sur les cœurs. Cette fête du déisme philosophique aurait dû exclure du moins ces allégories sans profondeur comme sans prestige. Elle n'eut pour divinité réelle que Robespierre lui-même, pour qui fumaient les nuages d'encens et retentissaient tous ces chœurs harmonieux ; mais cette divinité était menacée, et jouissait de son dernier jour de puissance et d'éclat. Les railleries de quelques-uns de ses collègues, scandalisés de ces apparences de religion et révoltés contre ces prétentions dictatoriales, ne lui firent que trop sentir par leurs pointes aiguës son humanité fragile. La fête de l'Être suprême, avec ses pompes non sans éclat, ne ramena pas Dieu ; elle ne fit que précipiter la chute d'un chef de parti éphémère dans lequel alors quelques hommes et quelques femmes enthousiastes voyaient follement pour la société française un régénérateur religieux, sinon l'objet même d'un culte.

L'erreur de toutes ces fêtes est de confondre la religion avec la morale, de croire qu'on peut à volonté créer un symbolisme. La révolution s'imagina qu'on pouvait remplacer l'inspiration chez les uns, la foi chez tous ; elle ne se défia pas assez d'un élément de résistance qui déjoue toutes les combinaisons des inventeurs de religion et des créateurs de fêtes, le courant partout répandu de l'ironie. On y prêtait par les accessoires. Dans plusieurs fêtes on retrouve les mêmes bœufs ou taureaux couverts de festons et de guirlandes, les quatre âges de la vie représentés par des individus portant des costumes de théâtre, des jeunes filles recrutées moyennant quarante sous par jour. Les enfants sont couronnés de violettes, les adolescents de myrte, les hommes de chêne, les vieillards de pampre et d'olivier. Nous avons sous les yeux des programmes de fêtes où on a la prétention de faire jouer un rôle à ce qu'on appelle des chants *religieux*. De quoi s'agit-il le plus souvent ? D'exterminer le fanatisme et la superstition. Si parfois Dieu y est nommé, c'est uniquement à titre d'ennemi des tyrans, ou encore ce sont des hymnes à la souveraineté du peuple, à l'égalité. C'est à la lettre comme si on s'était proposé de mettre en vers et en musique un article du *Dictionnaire philosophique* ou un chapitre du *Contrat social*.

L'élément religieux et aussi l'éclat du culte extérieur diminuent encore avec la célébration des vertus que l'on rattacha au nouveau calendrier républicain. Ce calendrier était savant, ingénieux : Lagrange et Monge en furent les mathématiciens, Fabre d'Églantine en fut le poète, et fit un heureux choix de mots harmonieux, faisant image, qui devaient être substitués à notre calendrier, si défectueux, inexact de tout point, mais consacré par l'usage. Le conventionnel Romme défendit l'œuvre nouvelle en déclarant que tous les grands événements révolutionnaires avaient coïncidé avec quelque phénomène important dans le monde astronomique. C'était comme une conspiration mystérieuse, presque cabalistique, entre les faits de l'astronomie et ceux de la politique, entre le ciel et la république française. Romme s'en autorisait pour dire dans un langage solennel : « Le 22 septembre fut décrété le premier jour de la république, et ce même jour, à neuf heures dix-huit minutes trente secondes du matin, le soleil arrivait à l'équinoxe vrai d'automne en entrant dans le signe de la balance. Ainsi l'égalité des jours et des nuits était marquée dans le ciel au moment même où l'égalité civile et morale était proclamée sur la terre par les représentants du peuple français. Ainsi le soleil a éclairé à la fois les deux pôles, et successivement le globe entier, le jour même où pour la première fois a brillé sur la nation française le flambeau qui doit un jour éclairer le monde. Ainsi le soleil a passé d'un hémisphère à l'autre le même jour où le peuple, triomphant de l'oppression des rois, a passé du gouvernement monarchique au gouvernement républicain. C'est après quatre années d'efforts que la révolution est arrivée à sa maturité en nous conduisant à la république, précisément dans la saison de la maturité des fruits. » Malgré de si magnifiques prédictions qui prenaient le ciel pour témoin et pour complice, les astres infidèles ne devaient pas continuer à favoriser longtemps la constitution républicaine de ces mystérieuses coïncidences qui semblaient de si bon augure. Quoi qu'il en soit, le nouveau calendrier, malgré ses mérites, avait un tort, irrémédiable à vrai dire : il choquait à la fois les habitudes et les croyances. Il substituait à la légion des saints, objet de vénération et de prière, tantôt des noms de plantes et d'animaux utiles, tantôt des noms de vertus, et il remplaçait le dimanche par le décadi. Aux antiques cérémonies il en faisait succéder d'autres auxquelles il paraissait bien difficile de donner le même charme, la même grandeur, le même éclat. Des luttes de force et d'adresse, des exercices gymnastiques, des mâts de cocagne, des prix, quelques instructions morales, des scènes arrangées pour tirer des vertus des représentations semblables à de petits drames, voilà à quoi aboutit le plus grand effort en ce genre de culte et de solennités. La révolution semblait d'ailleurs prendre à tâche de multiplier les fêtes, autant peut-être que l'avait fait l'ancien régime, auquel on avait tant reproché le nombre exagéré des fêtes et des chômages. Aux fêtes habituelles, on ajoutait annuellement cinq jours de *sans-culottides*. La cinquième de ces fêtes était consacrée à l'*opinion*. Une pleine licence devait être laissée à la parole et à la presse !

L'élément de luxe et d'art employé pour arriver au cœur par l'imagination et les yeux était condamné à un rôle effacé par l'essence même de ce culte, qui ne rappelait d'ailleurs en général que de louables sentiments sous d'irréprochables images. Suffisait-il de canoniser en quelque sorte tel instrument aratoire en l'inscrivant au jour du décadi ? Avec ces commémorations rurales, on ne pouvait guère dépasser le cercle des idées et des emblèmes qu'on retrouve aujourd'hui dans les fêtes que célèbrent nos comices agricoles. Le jour était-il destiné à consacrer tel devoir ou tel âge de la vie, comment s'ingénier pour entourer de l'appareil des fêtes le désintéressement, l'amitié, la vieillesse, et à quel éclat pouvait prétendre la très honnête *fête des époux* ? La recherche du simple ne risquait-elle pas de mener à la platitude ? La prétention au sublime n'avait-elle pas toute chance d'aboutir au ridicule ? Par ces essais, par des projets plus nombreux encore, on ne pouvait que tourner, et on ne fit que tourner dans un cercle monotone. La révolution eut un tort plus grave. Elle voulut elle-même être une religion d'état. Elle se fit intolérante, persécutrice. Elle voulut que ces fêtes fussent obligatoires comme la célébration du *décadi*. En même temps le dimanche était proscrit, et ceux qui restaient fidèles au repos qu'il consacre et aux fêtes qui le solennisent furent poursuivis, comme on disait, selon la rigueur des lois. Il y eut quantité d'arrêtés pris, de poursuites de cette nature exercées soit par les autorités locales, soit surtout par les représentants en mission. Plusieurs de ces arrêtés, prohibant d'un côté, commandant de l'autre, se placent sous l'invocation dérisoire de la liberté des cultes. Aucun n'en donne mieux l'idée que ce règlement inouï d'un représentant en mission, Lequinio, à la date du 1er nivôse an II. Il débute ainsi : « Art. 1er. *Afin que la liberté des cultes existe dans toute sa plénitude, il est défendu* à qui que ce soit de prêcher ou d'écrire pour favoriser quelque culte ou opinion religieuse que ce puisse être. Celui qui se rendra coupable de ce délit sera arrêté à l'instant, traité comme ennemi de la constitution républicaine, conspirateur contre la liberté française, et livré au tribunal révolutionnaire. » Ce protecteur zélé de la liberté des cultes qui les interdit tous également n'en prescrit pas moins la célébration du décadi, et ordonne expressément qu'un banquet fraternel aura lieu régulièrement dans ce jour consacré, banquet abondant en joie, en fraternité, et terminé par des danses. Célébration innocente du moins ! Il n'en était pas de même de toutes les fêtes qu'ordonnèrent les représentants en mission, et qui restèrent le plus souvent d'ailleurs à l'état de projets. Un commissaire délégué dans l'Aveyron avait pris sur lui d'établir quatre fêtes appelées le *Triomphe du pauvre*. Le but direct de ces fêtes était d'humilier le riche devant le pauvre, bien que la quatrième eût pour objet, selon les termes de l'arrêté, a de célébrer les prêtres qui ont obéi du vœu de la nature en prenant une compagne. » Dans ces fêtes, tel riche qui avait été mis en prison comme suspect était condamné à payer un riche festin, y faisait asseoir le pauvre, se tenait debout et le servait. « Il ne touchera à aucun mets par lui apporté, continuait l'arrêté, l'ancienne étiquette voulant que le valet ne puisse s'asseoir à la table du maître. »

C'est là que devaient aboutir les fêtes ayant une intention religieuse ou morale. Quant aux fêtes d'un caractère patriotique, le directoire les multipliera, les égaiera parfois d'ornements que le sombre génie de la convention n'eût pas sans doute admis. Il y replace les attributs mythologiques que les allégories morales avaient un peu détrônées. Les statues de l'Amour, de Vénus, de Psyché, sont placées dans des chars splendides, promenées sur les boulevards, à la *fête des Victoires*. Il s'y mêlera quelques accessoires émou-vans, empreints d'un caractère vraiment national. Il y eut aussi, jusque vers la fin de 1796, des fêtes morales. La *fête de la vieillesse* fut célébrée le 28 août 1796 dans les douze municipalités de Paris. Les vieillards, couronnés le matin dans les divers arrondissements, se réunirent le soir au Théâtre des Arts. Douze premières loges décorées de guirlandes et de draperies leur avaient été préparées. On distinguait parmi eux l'ex-duc de Nivernois et l'abbé Lemonnier. Des enfants répétaient des refrains en l'honneur des vieillards, qu'il couronnèrent de leurs mains. L'insuccès des fêtes révolutionnaires ne se démentira pas jusqu'à la fin. Les historiens les plus disposés à louer l'œuvre de la révolution semblent sur ce point unanimes. Quel aveu plus décisif, plus convaincant que celui de Chénier lui-même ? On l'a vu mêlé par ses rapports, par ses projets, par ses poèmes, à presque toutes ces fêtes. Voici, toute expérience faite, comment il s'exprime : « Plans bizarres sans originalité, écrit-il, durs sans énergie, fastueux sans véritable richesse, monotones sans unité, fêtes colossales dans leur objet, petites dans leur exécution ! » (Séance du 28 septembre 1794.) Voilà ce que furent les fêtes de la révolution, selon l'homme qui y prit une des principales parts ; à peine serions-nous aussi sévères.

Tel fut, dans ses différentes parties, le luxe public pendant la révolution française. Il revêt un caractère de grandeur et d'utilité dans quelques fondations célèbres qui suffisent à témoigner de ses intentions favorables au luxe national à côté de tant de ravages que rien ne peut justifier. La révolution conçut, mais réalisa très inégalement une pensée élevée et libérale. Elle y réussit jusqu'à un certain point pour les arts ; elle y échoua pour les fêtes. Que ses exemples, en nous laissant fidèles à ce qu'il y a de plus pur dans ses enseignements, à ses intentions les meilleures, nous garantissent d'écueils qui n'ont pas cessé d'être pour nous des causes de péril. Gardons-nous de ce qui sent l'imitation, l'effort, cette contrainte du goût qui souvent atteste le faux dans la pensée. Écartons l'amour immodéré du théâtral, qui nous a été funeste sous plus d'une forme. Rejetons l'idée que l'état peut, doit tout faire. Rien ne remplace la liberté de l'inspiration. C'est aux peuples qu'il appartient de faire eux-mêmes pour la plus grande part leur luxe public, comme ils font sortir de leur propre sein leurs idées, leurs arts. Les législateurs les y aident, l'état, par ses encouragements, les dirige dans la voie qu'eux-mêmes lui ont indiquée et comme tracée d'avance ; mais, alors même qu'il semble agir à leur place, il n'est au fond que leur organe et rien de plus que leur auxiliaire ; s'il veut être autre chose, il est condamné à échouer. Qu'il ne rêve donc pas une autre tâche que celle-là : elle est assez belle pour suffire à ses ambitions. Que de leur côté les peuples, si l'expérience les instruit, se gardent de lui demander d'en remplir une autre plus vaste, qui ne peut manquer d'être également fatale à leur liberté et aux conditions de vérité et de vie dans toutes les grandes manifestations du luxe national.

ISBN : 978-1983645013

www.ingramcontent.com/pod-product-compliance
Lightning Source LLC
Chambersburg PA
CBHW070805250726
48662CB00004B/1991